나는 도장에서 인생을 배웠다

나는 도장에서 인생을 배웠다

프롤로그

도장에서 나는, 사람을 키우고 내 삶도 자랐다

태권도라고 하면 남성들이 하는 운동이라는 인식이 강하던 1980년대, 태권도장에 유일한 여성 수련생으로 도전했던 그 날이 여전히 선명합니다.

"왜 하필 태권도였을까?"
"왜 나는 태권도가 아니면 안 되었을까?"

그 끌림과 울림은 단순한 선택이 아닌, 지금 생각해보면 하늘이 내게 주신 사명이었습니다.

태권도 수련 경력은 올해로 38년, 지도자 생활은 24년이 되었습니다. 녹록지 않았던 환경 속에서도, 저는 지도자로서, 엄마로서, 관장으로서, 그리고 때론 누군가에게 용기와 긍정의 메시지를 전하는 여성 리더로서 이 길을 걸어왔습니다.

태권도장 문화에서 여성이 견뎌내야 했던 현실은 결코, 쉽지 않았습니다. 하지만 '왜 해야만 하는가'에 대한 분명한 이유가 있다면, 어떤 어려움도 이겨낼 수 있습니다. 모든 과정에는 이유와 목적이 있어야 합니다. 아직 그 해답을 찾지 못했다면, 저는 이렇게 말씀드리고 싶습니다.

"마음이 이끄는 방향으로 가세요."

그러다 보면 길이 보이고, 목적지가 보이며, 내 모습도 보이게 됩니다. 그리고 결국, '내가 왜 이 길을 걷고 있는지' 알게 됩니다.

어릴 적, "여자아이가 무슨 태권도야?"라며 핀잔을 주던 이들의 목소리가 지금도 귓가에 맴돕니다. 하지만 어쩌면 그 편견과 시선이 저를 더 단단하게 만들어준 원동력이었는지도 모릅니다. "왜 안돼? 어때서?"라는 마음의 소리가 저를 이끌었고, 그 선택에 대해 한 번도 후회한 적은 없습니다. 가끔은 가슴 아픈 기억도 있습니다. 남성 중심의 도장 문화 속에서 매너 없는 남자 사범님들의 태도에 말하지 못한 사정이 있었고, "혹시 다니지 못하게 될까 봐…" 속으로 끙끙 앓으며 수련을 이어갔던 꼬마 여자아이의 모습이 떠오릅니다. 그렇게 견디고 버텨내며 지켜낸 태권도 수련은 어린 제게 인생 전부와도 같았던 빛이었습니다.

2025년 현재, 태권도장은 여성 수련생과 여성 지도자가 눈에 띄게 증가하였습니다. 도장의 분위기도 많이 달라졌습니다. 이전보다 훨씬 섬세하고 부드러워졌으며, 학부모님들은 언제든지 도장을 방문해 수련을 지켜볼 수 있는 개방적이고 안전한 공간으로 변화했습니다. 돌이켜보면, 과거의 험난한 수련 환경과 그 안에서 묵묵히 지도해 주신 스승님 덕분에 지금의 제가 존재할 수 있었던 것 같습니다. 하지만 요즘 태권도장은 놀이와 보육, 그리고 타 종목과 병행하는 곳들이 80~90%를 차지합니다. 물론 변화와 트렌드는 필요합니다.

그러나 저는 감히 말하고 싶습니다. 정통성과 전통은 지켜져야 합니다.

   태권도는 대한민국을 대표하는 무도 스포츠이자, 세계적으로 인정받는 문화유산입니다. 그 가치를 이어가고 지켜내는 것은 바로 도장을 이끌어가는 지도자들의 몫입니다. 사람마다 기질과 성향은 다르지만, 어린 시절 어떤 환경에서 자라고 어떤 배움을 받았는지가 청소년기와 성인이 되었을 때 태도와 삶에 큰 영향을 미칩니다. 좋은 도장은 유아부터 성인까지, 누구에게나 긍정적인 영향력을 줄 수 있어야 합니다. 하지만 현실에서는 여전히 도장을 '아이들만의 공간'으로 인식하는 경우가 많습니다. 이러한 편견을 버리고, 태권도장이 모두에게 열려 있는 사회적 공간으로 인식되길 소망합니다.

   도장은 저에게 인생을 가르쳐준 학교였습니다. 수많은 시련과 어려움이 있었지만, 그 안에는 감동과 성장, 그리고 사람과 사람이 함께 어우러지는 작은 사회가 있었습니다. 저는 여성이고, 엄마이며, 관장이자, 여전히 배움을 멈추지 않는 제자입니다.

  이 책을 통해 저는 전하고 싶습니다. 태권도 정신은 단지 무술의 기술이 아니라, 사람을 세우고 공동체를 이끄는 근본적인 힘이라는 사실을 말입니다. 수련은 도복을 입고 시작되지만, 진정한 성장은 마음을 입는 순간 시작됩니다. 오늘도 저는 도장에서 아이들을 가르치며 배우고, 제자들을 키우며 제 삶도 함께 키워가고 있습니다. 혼자이지만, 혼자가 아닌 길. 그 길 위에서 저는 여전히 사명을 가지고 묵묵히 나아가고 있습니다.

  이 책이, 오늘도 도장에서 아이들을 기다리며 묵묵히 하루를 견디는 어느 지도자 한 사람에게 작은 위로와 용기가 되기를 진심으로 바랍니다.

조민정 드림

목차

프롤로그_4

1부: 태권도와의 인연
- 9세 소녀의 태권도 입문_16
- 남성 중심 태권도장에서 이겨낸 어린 시절_24
- 태권도를 통해 배운 인내와 극복의 정신_32
- 용인대 태권도학과 시절의 기억_39

2부: 지도자로 서다
- 사범에서 관장으로: 20평 도장의 시작_52
- 여성 지도자로서 마주한 도전들_62
- 태권도장 경영의 실제: 45분 수업 도전기_70
- 맘스태권도 교실의 탄생과 성장_78

3부: 위기와 도전
- 도장 경매와 화재_90
- 제2막 제로에서 다시 시작하기_99
- 코로나19와 도장의 생존 투쟁_108
- "협력하여 선을 이루라": 팀워크로 이겨낸 위기_118

4부: 관장의 도리
- 부지런함: 태권도장 성공의 제1원칙_128
- 긍정적 사고: 실패를 성장의 기회로_135
- 겸손과 배움의 자세: 시대 변화에 적응하는 법_144
- 여성 경영자로서의 리더십과 성장 전략_155

5부: 태권도, 삶의 올바른 길을 안내하다

- 교육자로서 태권도의 가치를 전하는 방법_166
- 학부모와 함께 만드는 교육 파트너십_176
- 제자들의 잠재력을 깨우는 인성 교육의 힘_182
- 태권도를 통한 사회 기여: 시범단 이야기_190

6부: 두 개의 왕관, 가정과 도장의 지혜로운 조화

- 4남매를 키우며 도장 운영하기_202
- 엄마이자 관장으로서의 균형 잡기_211
- 자녀교육에 태권도 정신 적용하기_220
- 가족은 든든한 성장의 열쇠_227

7부: 미래를 향한 도약

- 여성 태권도 8단의 의미_236
- 세계 무대로 나아가다: 중국 초청 공연과 국제 교류_243
- 다음 세대 지도자를 위한 나의 철학_251
- 정통 태권도의 정신을 지켜나가는 사명과 태도_257

에필로그_262

Part 1

태권도와의 인연

9세 소녀의 태권도 입문

"지금 입고 있는 그 옷은 무슨 옷이에요?"

어릴 적 살던 동네에는 작은 놀이터가 있었다. 자전거를 타고 지나던 동네 오빠의 옷이 내 눈에 띄었다. 하얀색 상의와 하의 도복 그리고 허리에 맨 노란띠였다. 그리고 나는 보자마자, "지금 입고 있는 그 옷은 무슨 옷이에요?"라고 물었다. 그 시절 그날의 기억이 아직도 생생하다.

내가 본 하얀색 상의와 하의는 태권도 도복이었지만 천사의 날개처럼 빛이 났고, 띠는 황금색으로 둘려져 매우 빛나 보였다. 그리고 물었다. "이 옷은 어디에 가야 입을 수 있어요?"라고 말이다. 그날의 목소리가 얼마나 선명하게 들렸는지 '태권도장'이라는 말에 꽂혔다. 9살 소녀의 작은 마음속에 인생의 큰 길이 시작되었다.

나는 무슨 이유였을까, 무슨 용기가, 내 마음 안에서 솟아났던 걸까, 나는 곧장, 집으로 달려갔다. 그리고 엄마에게 처음으로 무엇인가를 원하고 졸라댄 것은 처음 있는 일이었다.

엄마는 조금 망설이셨다. 운동은 남자애들이나 하는 거라며 생각했던 시절이었고, 어린 여자아이가 태권도를 한다는 건 흔한 일이 아니었다. 하지만 나는 내 마음속에 불이 붙는 걸 느꼈다.

한 달이라는 시간을 졸랐다. 그리고 엄마가 제안하셨다.

"피아노를 같이 배워라. 그리고 동생하고 같이 다녀라. 그 약속을 하면 태권도장에 보내주겠다."라고 말씀하셨다.

나는 당연히 "네!"라며 기쁨을 감추지 못하였다. 상상만으로도 태권도 도복을 입고 도장에서 무엇인가에 도전하고 할 수 있다는 모습은 나에게 기대 그 이상의 꿈과 전부 그 자체였다.

첫 도장 문을 열던 순간을 나는 매우 생생하게 기억한다. 엄마는 나와 두 살 어린 남동생의 손을 잡고 도장의 문을 두드리셨다. 남자 사범님이라는 분이 문을 열어 반겨주셨고 도장을 처음 마주한 나는 긴장감으로 숨이 멎는 줄 알았다. 낯선 분위기, 하얀색 도복을 입은 남자아이들, 땀 냄새, 신기한 듯 쳐다보는 표정들, 엄숙하고 무거운 공기, 도장 안은 갑자기 정적이 울렸다. 방금 전 까지 크게 들리는 구령과 기합 소리가 순간, 영화에서 보는 듯한 시간을 멈추듯 그렇게 나는 그 장면을 잊지 못한다.

하기로 마음을 먹었으니 엄마는 주저하지 않고 등록원서를 작성하셨다. 사범님도 "반갑다. 열심히 해보자"라며 격려해 주셨다. 그리고 그렇게 갖고 싶었던 도복과 띠를 받는 순간, 낯설고 두려웠던 마음이 곧, 사라지고 용기가 생겼다. 마치 온몸에 무기를 장착한 듯 말이다. 그리고 도장 전면을 바라보는 순간 큰 태극기와 국기원을 상징하는 심볼이 눈에 띄었다. 모든 것이 나를 사로잡았다.

도장에서는 아이들을 지도하고 계신 사범님의 목소리가 들렸다. 전체 '차렷! 경례!'를 하는 그 간단한 동작조차도 어디서도 느껴보지 못했던 정렬된 모습의 위계질서가 위엄있게 보였다.

　다음날, 나는 도복을 매우 소중하게 여기며 조금이라도 구겨질까 소중하게 다뤘다. 그리고, 도복을 입고 거울에 비친 내 모습을 보았다. 마치 다른 사람이 된 듯한 마음이었다. 동생과 함께 20분 거리의 도장을 신나는 발걸음으로 걷기 시작했다. 7살에 동생 그리고 9살의 어린 소녀가 태권도장을 신나게 가는 그 기억을 나는 아직도 생생하게 기억한다. 그리고 그 시작이 나의 첫 '태권도인'으로서 운명과 같은 시작이었다. 속으로 외쳤다.

　"나도 태권도를 배우는 여자다!"
　"나는 할 수 있다!"

　그 작은 외침은, 그저 운동을 시작했다는 선언이 아니었다. 나의 존재감, 나의 정체성을 새롭게 세우는 첫걸음이었다. 물론 처음부터 모든 것이 쉽지는 않았다. 전혀 배우지 않았던 손동작 발동작 그리고 기초 체력까지 어려웠고 근육통이 오고 힘들었다. 유연성을 위해 스트레칭을 잘해야 했고 높이 차기 위해 다리를 많이 올려야 했다. 주먹을 바르게 쥐는 방법부터 주춤서기로 다리에 힘을 모으는 훈련은 절대 쉽지 않았다. 힘들고 아프지만 왜인지 모르게 나는 그 시간이 좋았다.

그렇게 한 달 두 달 시간이 흐르고 띠에 대한 관심이 생기기 시작했다. 현재는 다양한 띠의 구분으로 색상이 많아졌지만, 어릴 적 태권도를 배우던 당시에는 '오방색'인 하얀띠, 노란띠, 파란띠, 빨간띠, 검정띠의 구분만 있었다. 국기원이라는 곳에 가야 하기 위해서 또한 띠의 과정을 모두 훈련해야 했다. 한가지 색깔의 띠를 매는 기간은 최소 3개월이었다. 승급심사를 통해 승급을 해야만 했다. 또한, 욕심과 승부 근성이 불타오른 것일까, 승급심사일이 있던 날 상(賞)장을 받는 남자아이들을 보면서 매우 부러웠고, 상장을 받고 오지 못한 날은 풀이 죽어있었다. 그만큼 내게 태권도는 매우 소중하고 잘하고 싶은 마음이 컸다.

초등학교 3학년 어느 봄날 관장님께서 "민정아, 사진 찍으러 가자"라며 나를 어느 사진관으로 데리고 가셨다. 증명사진을 찍자고 하셨다. "이제 국기원에 갈 시기가 되었으니 신청서를 작성해야 한단다."라며 나를 이끌어 주셨다. 그때 나는 국기원이 어떤 곳인지도 몰랐다. 관장님이 이끌어 주시는 대로 믿고 따랐다. 부모님도 관장님을 믿고 지지해 주셨고 그렇게 나는 도장과는 또 다른 신세계의 '국기원'이라는 곳을 마주하였다.

나의 생애 첫 도전, 국기원 1품 승품 심사장에서 나는 큰 결단을 하게 되었다. 겨루기 심사를 위해 마주한 남자아이를 통해, 나는 예상치 못한 큰 깨달음을 얻었다. 국기원 심사과정 중 하나인 겨루기에서 여자 응시자가 없었기에, 남자아이와 겨루기 심사를 치러야만 했다.

도장에서 남자아이들을 상대로 수련해왔기에, 두렵거나 떨리지는 않았다. 하지만 내가 마주한 남자아이의 강한 기합 소리는, 내 마음 깊은 곳에 결단의 불씨를 지폈다. 그 순간, 나는 결심했다.

앞으로 인생에서 어떤 시련이 닥치더라도 다시 일어설 수 있는 단단한 여성이 되자. 누구를 만나든지, 어떤 상황이든지 흔들림 없이 나를 지킬 수 있는 '삶의 무기'가 필요하다는 사실을 깨달았다.

그리고 그것이 바로 태권도에서 얻은 자신감이었다. 이제 나는, 그 깨달음을 제자들에게 전하고 있는 여성 지도자가 되었다. 단지 기술만을 가르치는 것이 아닌, 삶을 단단하게 만드는 태도와 마음을 전하는 스승으로서 오늘도 내일도 나는 도장에 선다.

관장의 한마디

"기회는 운명과도 같다."

누구에게나 선택이라는 것은 존재합니다. 그 선택이 후회가 되지 않도록 최선을 다하십시오. 어쩌면 그 선택이 생각하지도 못한 기회와 운명을 만들지도 모릅니다. 처음 시작하는 아이들에게 기술보다 먼저 가르쳐야 할 것은 '태도'입니다. 처음 허리에 매는 하얀 띠는 단지 '초급'의 상징이 아니라, 배움을 향한 '순수한 마음' 그 자체입니다. 그 마음을 소중히 여긴다면 어떤 아이든 스스로를 이겨내는 태권도인이 됩니다.

남성 중심 태권도장에서 이겨낸 어린 시절

"차렷! 경례! 준비! 시작!"하는 순간 나는 움찔했다.

1품 승품 심사에 도전하는 날이 되었다. 국기원의 모습은 어린 자그마한 내게 매우 거대한 궁전같이 느껴졌다. 국기원 심사장 바닥은 마룻바닥으로 채워져 있었다. 심사장 안에는 대부분 남자아이들이었다. 여자아이의 모습은 보이지 않았다. 심사 순서가 되어 여럿이 서서 품새 심사에 도전하였다. 그다음으로 겨루기 심사 순서였다. 여자아이 응시자가 없었기에 나는 남자아이 심사자와 겨루기 심사에 도전해야만 했다. 문제가 생겼다. 심사위원이 구령을 넣었다.

"차렷!", "경례!", "준비!"하는 순간, 겨루기 상대자인 남자아이의 기합 소리가 터지자, 나는 움찔했다. 순식간에 기(氣)가 죽고 말았다. "이게 무슨 소리이지? 저 아이는 괴물인가?"라는 생각이 머릿속을 맴돌았다.

너무 창피했다. 겨루기 상대자는 겨루기 경험이 많아 보였다. 단 한 번도 내게 공격을 시도하지 않았지만, 남자아이가 내 지른 기합 소리에 나는 기(氣)에 눌리고 말았다. 한 번도 그러한 기합 소리의 표현을 듣지 못했고 경험해보지 못했다.

그 순간 주변이 모두 적막함으로 느껴졌다. 하지만, 나 또한 자존심이 있었는지 지고 싶지 않았다. 놀란 내색을 하지 않으려 애썼고 겨루기는 시작되었다. 서로 주고 받으며 연속으로 차기는 시도되었다. 겨루기 주심이 몇 번을 "갈려!"하며 거리두기를 지도했다. 겨루기 심사가 진행되는 동안 밀리고 싶지 않아 여러 번 연속으로 찼다. 시간이 순식간에 지나갔다. 겨리기 주심이 "그만~!"하고 겨루기 심사가 끝났다는 구령을 넣었다.

"휴우~끝났다! 정말 끝났다!"

"내 생애 첫, 승품 심사라니 나도 도전할 수 있었다!"
라며 스스로를 달래며 격려했다.

승품 심사를 마치고 난 후 겨루기 상대 아이의 기합 소리와 표정이 지금까지 내 기억 속에서 사라지지 않고 맴돈다. 그리고 깨달았다. 상대방 남자아이의 표현은 '기선제압'이었다.

'기선제압(機先制壓)'
운동 경기나 싸움 따위에서, 상대편의 세력이나 기세 따위를 위력이나 위엄으로 먼저 억눌러서 통제함.

- 백과사전

그 후 나는 여자이기에 약한 것이 아닌, 강인함을 보여주는 훈련을 시도했다. 그것은 심사장에서 배운 기합의 표현! 그래서, 더욱 도장에서 큰 소리로 기합을 내고 자신감을 표현했다. 사범님이 지시하시는 구령소리에 맞추어 복창을 해야 한다. 그럴 때면 온몸에 힘을 주어 더욱 큰 소리로 외쳤다.

구령을 외치며 스스로 다짐하는 표현을 했다.

"나는 할 수 있어!"

"나는 절대 지지 않을 거야!"

"나는 강해질 거야!"

도장의 문을 열고 들어서면, 늘 같은 풍경이 펼쳐졌다. 줄지어 서 있는 남자아이들, 쩌렁쩌렁 울리는 기합 소리, 노력의 결과인 땀으로 흠뻑 젖어있는 도복, 그리고 강렬한 포스와 함께 친절한 얼굴의 사범님. 그 안에 나처럼 조심스럽게 서 있는 여자아이는 드물었다. 당시 태권도장은 그야말로 남성 중심의 공간이었다. 처음에 나는 매우 낯설고 여자아이 혼자이기에 편애를 바라지도 않았고 그 환경에 적응해야만 했다.

처음 내 몸집은 작고, 목소리는 또래보다 유난히 작았다. 남자아이들은 기합 소리도 크고, 동작도 힘이 넘쳤다. 그들 사이에서 나는 조용히, 그러나 꿋꿋하게 따라갔다. 똑같은 동작을 배우고, 똑같은 시간을 훈련했지만, 남자아이들 사이에 낀 여자아이라는 이유로 나는 자주 "왜 여자가 태권도를 해?"라는 말을 들어야 했다.

내색은 하지 않았지만, 처음엔 많이 속상해서 혼자 울기도

했다. 하지만, 포기하고 싶지 않았다. 그리고 더욱 내 마음속에서는 "왜 여자라고 할 수 없지?! 나도 남자아이들과 평등하게 배울 수 있다"라고 외치며 스스로를 달랬던 기억이 난다. 누가 놀리더라도 "왜?! 여자애가?!" 라는 말을 들어도 부모님의 허락을 어렵게 받아 도전한 기회였다. 나는 포기하고 싶지 않았다.

똑같이 "나는 도복을 입은 태권도인이다. 남자도 여자도 아니라, 같이 수련하는 한 사람일 뿐이다."라는 다짐을 외쳤다.

여러 번 마음을 다잡았다. 겨루기 수련을 할 때면 나는 남자 아이와 대련을 할 수밖에 없었다. 또한, 도장 내에서 스포츠 활동인 축구, 씨름을 병행하였다. 나의 상대는 모두 남자였다. 지고 싶지 않았다. 그렇게 꾸준히 포기하지 않은 결과 실력은 나날이 성장했다. 어느 날은 사범님께서 1:1 겨루기가 아닌, 2:1, 3:1 겨루기를 시도하셨고 한 번에 겨루기 상대를 대하는 기술도 배웠다. 그 시간이 두려운 것이 아닌, 즐거움과 성취감으로 성장하고 있었다.

누구보다 더 열심히 훈련했다. 아파도 가고 다리에 멍이들어도 가고 비가 오나 눈이 오나 꾀를 부리지 않았다. 동네 슈퍼마켓을 가듯이 매일을 열심히 다녔다. 기합 소리를 낼 때면 누구보다 크게 외쳤다. 단순히 동작을 따라 하는 훈련이 아니라, 한 번의 주먹을 지르더라도 내 마음속에서는 태권도에 대한 진심과 열정이 뿜어졌다. 그렇게 시간이 흐르고 팔이 아프고, 다리가 후들거릴 때도 끝까지 해냈다.

여자아이라고 비웃던 아이들이 어느 순간부터 나를 인정해 주었고 "민정이는 잘한다"라고 말해주었다. 남자아이들 사이에서도 '얕잡아 보면 안 된다'는 말이 오고 갔다. 사범님도 항상 열심히인 나를 칭찬해 주셨다. 사범님은 나에게 기회를 주었다. 매번 맨 앞자리에 앉아 준비운동과 차렷, 경례를 하는 리더가 되었다. 그리고 그동안 훈련한 기합 소리로 매일 도장에 출석하는 날에는 리더로서 모범을 보이기 위해 노력했고 최선을 다했다.

나는 깨달았다. 편견이 있어도 나를 믿고 포기하지 않으면 어느 순간 환경은 내 편이 되어준다는 것을 말이다. 지금 생각해보면 그때의 나는 어린 여자아이였지만 이미 하나의 작은 리더였고, 앞으로 걸어가야 할 삶의 태도를 도장에서 배우고 있었던 것이다.

관장의 한마디

"세상은 기준을 정해두고 판단한다. 하지만, 진심은 결국 통한다."

젊은 시절 나는 '여자 사범'이란 이유로, '엄마'라는 이유로, 그리고 지금은 '여성 관장'이란 이유로 여러 벽에 부딪혔습니다. 하지만 그때마다 흔들림 없이 했던 건 '내가 진심으로 이 길을 가고 있는가'를 스스로 묻는 일이었습니다. 만약, 어떤 편견 속에 있다면 기억하세요. 누구도 대신해줄 수 없는 길은 결국, 나의 태도와 진심이 만들어갑니다.

태권도를 통해 배운 인내와 극복의 정신

태권도를 처음 시작했을 땐, 이 길이 얼마나 오랫동안 내 삶의 중심이 될지 몰랐다. 도복을 입고 도장에 들어선 그날부터 수없이 많은 고비와 마주했다. 아이들에게 태권도는 '차기'와 '주먹 지르기'가 다인 것으로 보일지 모른다. 하지만 진짜 태권도는 '끈기와 인내로 견디는 법을 배우는 수련'이다.

'수련(修練)'
인격, 기술, 학문 따위를 닦아서 단련함.

- 백과사전

처음 마주한 벽은 '몸의 한계'였다. 유연성을 위해 다리를 좌우로 크게 넓혀야 했고, 앞차기를 높이 올리는 게 너무 어려웠다. 품새는 끝까지 외우는 것만으로도 벅찼다. 기초 체력을 위해 달리기부터 근력 운동, 점프 운동은 기본이었다. 수시로 온몸에 알이 배기기 일쑤였다.

심지어 도장 바닥 위에 한참 무릎을 꿇고 앉아 있을 때면 "나는 언제까지 이걸 할 수 있을까?"라는 생각이 들었다. 하지만, 포기하고 싶지 않았다. 당연히 '처음부터 잘할 수 있는 것, 잘 되는 것'은 없다는 것을 알기에 계속 이겨내며 극복하고 싶었다.

누구에게 보이기 위한 인내가 아니라, '스스로를 이기기 위한 싸움'이었다. 중간에 도장을 그만두는 친구들도 있었다. 힘들고 아파서, 재미없어서, 혹은 다른 것을 하고 싶어서. 사실, 그런 친구들이 있다고 하더라도 흔들릴 법도 하지만, 나는 태권도가 너무 좋았다. 태권도를 통해서 나의 몸과 마음이 단련되고 성장하는 것을 느낄 수 있었다.

초등학교 5학년이 되었던 어느 날 사범님께서 시범단 선발 공지를 하셨다.

시범단(示範團)

모범을 보이는 사람으로 이루어진 단체

— 백과사전

"성적표를 가져와라!"
"성적에 '수. 우. 미. 양. 가' 중에서 '수'와 '우'가 있는 것은 괜찮지만 '미' 이하의 성적이 있다면 시범단은 할 수가 없다."
라고 말씀하셨다.

시범단은 도장을 대표하는 수련자들을 말한다. 시범단이 되면 시범대회 및 태권도 대회에 출전할 수 있는 자격이 주어진다.

"시범단은 태권도를 대표하는 사람이다. 모든 태도에 있어 모범이 되어야 한다. 도장에서뿐만 아니라, 어디에서든지 모범적인 태도가 중요하다."
라고 말씀하셨다.

시범단에 욕심이 생겼다. 특별한 기회가 될 것 같았다. 꼭! 도전하고 싶었다. 성실하게 출석했다. 드디어, 성적표를 제출하고 실기테스트가 있는 날이었다. 기본 차기와 기본 동작, 품새, 그리고 가장 자신 있는 발차기를 선보였다. 마지막으로, '왜?' 시범단에 도전하고 싶은지 발표해야 했다. 당시에 내가 어떠한 이야기를 했는지 정확하게 기억나지는 않지만, 매우 간절했던 기억이 난다.

일주일 뒤 최종 시범단 명단이 발표되었다. 간절했던 마음이 전해진 걸까, "조민정! 시범단 합격!"이라는 사범님의 호명에 너무 기뻤다. 그리고 부모님께 기쁜 마음을 전했던 기억이 난다. 이제는 시범단원이라는 자부심이었을까, 더욱 나 자신이 자랑스럽고 멋지게 느껴졌다.

곧, 바로 '제2회 서울지역 50개 체육관 우수 태권소년 시범경연대회'에 출전하게 되었다. 당시 태권도 대회는 남자 수련자들을 대상으로 하였다. 대회명은 남녀가 함께 출전할 수 있는 통합 대회명이 아닌, 소년대회였다. 그렇지만 도장에서는 여성 수련생 최초로 시범단이 되어 도전하였다. 기회를 주신 사범님께 진심으로 감사했다.

시범 대회를 위해 수련 시간에 시범 동작들을 열심히 연습했다. 남자 수련생들과 함께 어우러져야 했다. 팀워크 훈련을 위해 더욱 노력했다. 힘의 표현, 기합 소리, 민첩성과 순발력에서 뒤처지고 싶지 않았다. 허벅지에 불이 나는 것 같아도 참아냈다. 남자 수련생들 안에서 더욱 잘하고 싶었다. 여자이기에 안된다. 는 말은 듣고 싶지 않았다. 그렇게 몇 개월을 훈련하여 시범 대회에 출전하였다. 여자이기에 더욱 눈에 띈다는 걸 알고 어떻게 해서든지 팀에 피해가 가지 않도록 하고 싶었다. 내가 맡은 역할에 최선을 다했다. 우리 시범단은 50개 팀 중 우수한 성적으로 입상하여 상을 받았다. 너무 기뻤다.

"또다시 해냈다."
나는 도전이라는 것을 즐기고 있었고, 성취감에 대한 매력에 빠져들었다.

만약, 내가 도전하지 않았다면, 여자라는 핑계로 겁을 냈다면 어떠했을까?! 라는 생각을 해본다. 남자 수련생들 사이에서 '왜?! 여자가?! 뭐하러?!' 라는 말 들에 무너졌다면 절대 기회는 없었을 것이다. 그 안에서 더욱 끈기와 인내를 갖게

한 것은, 오직 내 의지였고 간절함이었다. 그 뒤로도 시범대회 출전은 계속되었고 더욱 성장했다. 이 계기로 인해 더욱 자신감이 생겼고 학교에서도 스포츠 활동에 있어 우수한 학생으로 인정받았다.

누군가는 말한다. 재능은 타고나는 것이라고 한다. 하지만, 노력 없이는 아무리 재능이 있더라도 발휘할 수 없다는 것을 알아야 한다. 나는 재능이 있는 운동 신경을 갖고 있진 않았다. 오로지 남자 수련생들 사이에서 간절함으로 포기하지 않고 인내하며 극복했다. 인내심 또한, 타고남이 아니다. 인내는 '반복 속에서 길러지는 습관'이다. 참는 훈련을 반복할수록, 내 마음은 더욱 단단해졌다. 어린 시절부터 몸으로 배운 '인내의 근육'은 지금도 나를 버티게 하는 힘이 되었다.

도장 경영이 어려웠던 날도, 어릴 적 끈기와 인내로 버텨 내 온 그 힘이 힘든 과정이 있더라도 다시금 일어나게 만든 원동력이 되었다. 나를 이겨내고 버티게 하는 힘은 어릴 적이나 지금이나 '태권도'이다.

관장의 한마디

"태권도는 몸의 훈련이 아니라 '마음의 체력 훈련'이다."

기술은 잊혀질 수 있지만, 인내와 끈기는 평생을 지탱하는 힘이 됩니다. 아이들이 수련을 하면서 힘들다고 말할 때, 저는 이렇게 말해 줍니다. "지금 이 순간을 이겨내렴. 세상을 버텨내는 힘을 기르는 시간이 된단다." 쉽게 포기하지 않는 마음, 힘들어도 끝까지 해보려는 태도. 그것이 진짜 태권도의 정신입니다.

용인대 태권도학과 시절의 기억

"엄마, 태권도학과에 지원하고 싶어요."

말을 꺼내기까지 참 오랜 시간이 걸렸다. 어릴 적부터 줄곧 해온 태권도였다. 그것을 인생의 길로 삼겠다는 말은 단순한 진로 선택 이상의 결심이었다. 부모님은 반대하셨다. 그도 그럴 것이, 그 시절 태권도는 여전히 남성 중심의 영역이었다. 여자가 전문적으로 파고들어 안정된 직업을 갖는다는 건 매우 이례적인 일이었다. 태권도장에 다닐 수 있도록 어렵게 받아낸 첫 관문을 지나 이제 인생에 있어 두 번째 승낙이 필요했다.

"여자가 태권도를 해서 어떻게 먹고 살래?"

"정말 그게 너의 길이라고 생각하니?"

나는 마음 깊은 곳에서 울컥하는 감정을 느꼈다. 하지만, 포기할 수 없었다. 태권도를 향한 나의 열정은 단순한 취미가 아니었다. 그 오랜 시간 동안 버텨온 내 인생의 한 줄기였다.

몇 해 전 나는 문득 궁금해졌다. '그때 부모님은 "왜 허락해 주셨을까?" 그리고 물었다. 엄마가 말씀해 주셨다. 나는 내가 한 이야기를 까마득하게 잊고 있었다. 엄마는 내가 한 말에 그 뜻을 반대할 수 없었다고 하셨다.

"제가 어릴 적부터 지금까지 포기하지 않고 견디며 태권
도를 할 수 있었던 것, 하나님의 뜻이 있기 때문이에요"

엄마가 말씀하셨다. "네가 그 말을 하는데, 반대할 수 없었다. 하나님께서 너를 위해서 예비하신 일이 있으시겠구나, 라는 마음에 고개를 끄덕였단다." 어쩌면 4대째 이어온 기독교 가정에서 하나님께서는 부모님께 믿음으로 성장하게 하시는 일을 기대하셨다. 당신의 자녀를 위해 하늘의 뜻하신

그 일을 위해 반대하지 않도록 이끄셨다.

"맞아! 내가 그랬지."

내게는 기적과 같은 일이었다. 그리고 그렇게 나는 용인대학교 태권도학과에 지원서를 냈고, 눈이 펑펑 오는 날 진입로를 한 참 오르며 실기 시험장으로 향했다. 학과 모집인원 100명, 경쟁률 8.75:1, 실기 시험장에 모인 인원은 거의 1,000명에 가까웠다. 새벽부터 늦은 저녁까지 실기 시험은 계속 이어졌다. 실기장 바닥은 몸풀기와 긴장감이 가득한 가운데 대기하는 수험생들로 가득했다. 가장 떨리고 두려웠던 기억이 난다. 첫 번째는 태권도장에서 도전한 시범단 선발 테스트, 두 번째는 실기 시험장에서의 떨림이었다.

가.나.다 순으로 호명이 되어 먼저 교수님이 계신 면접장으로 이동하였다. 10명이 나란히 앉았고 10명 중 나 혼자만 여자였다.

교수님이 질문하셨다 "왜? 태권도학과에 지원했지?"

모두들 대답은 뻔하거나 자신감이 없었다. 마지막 내 차례였다.

"체육계의 고 한양순 교수님과 같이 태권도학과 최초의

여자 교수가 되는 것이 꿈입니다."

라고 대답했다.

모두가 눈이 휘둥그레지며 나를 바라보았고 교수님의 표정엔 미소가 번졌다. 그 미소는 긍정의 메시지로 보였다. 늦은 밤이 되어서야 드디어 실기 시험장으로 향했고 내 차례가 되었다.

기본 동작, 연결 발차기. 고려 품새. 겨루기가 실기 전형이었다. 기억으로는 10명 정도가 한 조가 되어 실기 전형에 응시하였고 실기장 정면에는 교수님들이 앉아 계셨다. 뒤에는 심사 전형을 관람하는 재학생들을 비롯하여 겨루기 선수단들이 대기하고 있었다.

적막함이 흘렀다. 그리고 실기 전형장에서 나는 내게 집중했다. 어떻게든지 교수님들의 눈에 띄고 싶었다. 다들 소심하게 기합 소리를 냈다. 나는 어렸을 적부터 훈련해온 '기선제압'의 의미를 알고 있었기에 최선을 다해 기합을 넣었다. 실기 전형장에는 웅성되는 소리가 들렸다. 나의 진심이 담긴 기합 소리가 울렸다. 무사히 겨루기까지 마치고 나와, 출구로 향하는데 안도의 한숨이 내쉬어졌다. 지켜보던 재학생 선배들이 '엄지척'을 들어 보였다. 너무 감사하면서도 부끄럽고 후련했다.

합격 통보를 받은 날은 내 인생에 또 하나의 전환점이 되었다. 용인대 생활은 상상보다 훨씬 더 치열했다. 전국 각지에서 모인 수많은 태권도 유망주들 사이에서 나는 또다시 여성이라는 이름으로 시작된 '1%의 존재'였다. 대부분 남자 재학생들이었고 여성 재학생들은 소수에 불과했기에 모든 행동과 태도가 눈에 띄었고 주목을 받을 수밖에 없는 대상이었다. 모든 생활이 조심스러웠다. 그리고 잘하고 싶었다. 내가 생각한 대학이라는 곳은 '지성의 전당'이라고 생각했다. 하지만, 대학 생활은 내가 생각한 것 이상만큼 아름답거나 행복하지는 않았다.

전국 각지에서 모인 입학생들 그리고 그들의 생각과 가치관의 차이, 서울 토박이로 자란 나는 선배와 동기들의 사투리 억양으로 소통이 어려웠다. 기강을 위한 엄격한 훈련과 가혹하다고 느낄 만큼의 이유 없는 위계질서를 가장한 얼차려 의식들이 실망감을 안겨주었다. 견뎌낼 수 있었지만, 가장 가혹하다고 느꼈던 것은, 용인대 시범단을 지원하고 나서부터였다. 그리고 그 안에서 이뤄지는 얼차려와 훈련의 과정은 상상 이상으로 가혹했다. 당연한 듯 이뤄졌다. 이해가 가지 않았다.

시범단에는 96학번과 97학번에 여자 선배가 있었다. 나는 궁금했다. "왜 단 한 번도 건의하지 않고 시범단에 남아있지?" 아니면, 변화를 위해 노력하지 않았던 것인가. 그러한 불합리한 과정에서도 남아있어야 하는 이유가 있었을지 모르지만 때로는, 모욕적이고 인격적인 대우를 받지 못하는 환경에서 나는 남겨지고 싶지 않았다. 부모님은 그저 내가 훈련이 힘들어 나오고 싶다고 말했던 걸로 기억하신다. 더 이상의 걱정을 끼쳐 드리고 싶지 않았다. 지금이라면 상상도 못 할 상황이다. 나는 시범단에 들어가면 탈퇴가 어렵다는 것을 알면서도 단호했다.

주장인 선배가 "단원들이 보는 앞에서 맞고 나가라"고 말했다. 나는 4년이라는 시간을, 그 환경에서 더는 버티고 싶지 않았다. 맞더라도 나가겠다고, 단호히 말했다. 그리고 전체 선배와 동기들이 보는 앞에서 나는 엎드린 자세로, 쓰러질 때까지 맞고 나왔다. 27년이 지난 지금도, 마음의 멍은 사라지지 않았다. 지금 후배들의 이야기를 들어보면 환경이 많이 개선되어 그런 일은 없다고 한다. 다행이다. 어쩌면 선배들의 그러한 희생들이 있었기에 지금의 후배들이 조금 더 나은 환경에서 자신의 기량을 위해 갈고닦을 수 있는 것은 아닌가 싶다.

가끔 생각한다.

'만약, 불합리한 상황들 안에서 내가 견뎌내고 졸업을 했다면, 세계적인 국가대표가 되어 있었을까?'

아무리 꿈이 있더라도 분별할 줄 아는 환경을 선택하는 것은, 나의 의지였다. 그리고, 그것은 '악습이 관습으로 이어져서는 안 된다.'라는 것을 표현한 나만의 외침이었다.

자신의 앞날은 누구도 예측할 수 없다. 나는 시범단을 탈퇴 하고 후유증으로 대학이라는 곳에 적응하지 못하였고, 휴학이라는 결정을 내렸다. 1년이라는 휴학 기간 나는 또 다른 경험에 도전해보고 싶었다. 여러 가지 아르바이트에 도전했다. 아르바이트로 모은 돈으로 나를 위한 가치 있는 시간을 보내고 싶었기에 유럽 배낭여행에 도전했다. 내게는 견문을 넓히며 다시 한번 더 나를 위한 도약의 시간이었다. 지금은 후회하지 않는다. 그 시간을 통해 너무나 많은 경험과 스토리가 생겼고 후배 또는 제자들, 아이들에게 해줄 수 있는 많은 이야기가 생겼다.

복학 후에 나는 과거의 일을 접고 다시 시작하는 마음으로 대학 생활을 이어가면서 주어진 기회들을 놓지 않았다. 좋은 선배들의 조언과 아낌없는 격려들이 큰 힘이 되었고 건강한 생각과 성장을 위해 노력을 아끼지 않는 선배들을 롤 모델로 삼았다. 대학 생활을 즐겁게 하기 위해 내가 할 수 있는 분야를 찾아 도전했다. 태권도 신문사 기자. 교수님 연구실 조교, 아르바이트…. 정말 열심히 지냈다.

학과 특성상 체력 훈련은 고됐다. 전공 수련장에 들어가기 전에는 대학 뒤에 있는 부아산을 뛰고 와야 했다. '1,000번 발차기 교수님'이라는 별명이 붙을 만큼 한가지의 차기를 1,000번씩 번갈아 가며 구령을 넣어 훈련을 시키는 교수님도 계셨다. 전공 수련장에 들어가자마자 팔굽혀 펴기 50개는 기본이었다. 지각하면 100개를 해야 했다. 그리고 무한 반복되는 발차기와 품새 연습들 끊임없이 이뤄지는 체력 훈련들은 더욱 강인함을 채워나가도록 해주었다. 포기하고 싶을 때도 있었지만, 나는 오히려 그 '한계 직전의 시간'이 주는 단단함을 배워갔다.

누구보다 치열하게 훈련했고, 누구보다 진심으로 태권도를 품었고, 누구보다 간절하게 '이 길 위에서 살아가고 싶다'라고 기도했기 때문에. 지금의 내가 있기까지, 용인대 시절은 내 태권도 인생의 근육과 뼈대가 된 시간이었다. 그 시절이 없었다면 지금의 지도자로서의 나는 존재하지 않았다. 그리고 그 모든 기억은 지금도 내 마음속 가장 깊은 곳에서 "너는 이 길을 택한 사람"이라고 다시 일으켜준다. 그리고 함께하는 동기들이 있었기에 버티며 이겨냈다. 힘든 과정을 격려하며 아끼며 응원해준 내 동기들 말이다.

관장의 한마디

"누구나 꿈을 꾸지만, '견디는 자'만이 꿈을 지켜낸다."

진로를 선택할 때 가장 중요한 건 세상이 허락하느냐가 아니라, 내가 믿느냐입니다. 나의 열정은 나만이 증명할 수 있습니다. 누가 뭐라 해도 마음에 확신이 있다면 그 길을 묵묵히 걸어가세요. 그 길 위에 당신만의 이름이 새겨질 날이 반드시 올 것입니다.

Part 2

지도자로 서다

사범에서 관장으로: 20평 도장의 시작

"미국에서 사범 일을 해보지 않겠니?"
"석박사의 학위과정까지 함께 공부할 수 있단다. 좋은 기회야"

졸업 후 진로를 고민하던 내게는 매우 좋은 기회였다. 대학 교수님의 권유로 미국행을 선택하기로 했다. 하지만, 노동청에 비자를 신청해 정식 입국 절차를 밟아야 했다. 비자가 언제 나올지 모르는 상황이었다. 국내에서 지도자의 경험을 쌓기로 마음먹었다. 첫 도장의 시작은 자신감으로 가득

찼다. 대학에서 엘리트 과정을 밟고 졸업을 했으니 현장에서도 자신있다고 마음먹었다.

하지만, 현실은 녹록지 않았다. 태권도 기술은 익숙하고 자신 있었지만, 현장에서 다양성의 기질을 가진 아이들과 학부모를 대하는 방법은 쉽지 않았다. 아이들의 수준에 맞추어 가르치는 기술이 필요했다. 그리고 아이들의 마음을 헤아리는 법도 알아야 했다. 현장에서의 경험은 대학에서 가르쳐주지 않았다. 스스로 부딪히며 터득해야 하는 삶의 기술이었다.

아이들 앞에서 도복을 입고 서 있는 것만으로 좋았지만, 아이들의 마음에 다가가며 잘 가르치는 사범이 되고 싶었다. 지도자 생활 역시 난 '홍일점'으로 여성 지도자 혼자였다. 남자 사범님들과 또한 경쟁하듯 아이들을 지도해야 했다. 늦은 시간까지 업무를 소화하는 체력 또한 뒤처지지 않으려고 노력했다. 사범님들의 열정은 대단했다. 청소년과 성인부까지 함께 수련하고 그 뒤에도 사범님들 간에 훈련 또한 이어졌다. 나도 그 시간을 놓치지 않고 열정으로 함께했다.

"사범님은 괴물 같아요."

라는 말을 들었다.

고등학생인 남자 수련생이 내게 말했다. 나는 의아했다. "왜?"라고 물었다. "지치지 않으시는 것 같아서요."라고 말해주었다. 나는 그 말에 의미를 듣고 흐뭇한 미소를 전했다. 사범으로서 갖춰야 할 기본 체력과 끈기의 모습에 당당했던 내 마음이었다.

남자 사범님들과 함께 4년이라는 시간을 함께하면서 많은 것을 배웠고, 그 시기 인연을 만나 결혼하게 되었다. 미국으로 가려 했던 비자 문제는 잊게 되었다. 결국 비자 승인은 받지 못했다. 결혼으로 인해 지도자의 생활을 마무리하며 퇴사했다. 결혼과 동시에 아이를 갖고 출산까지 1년이라는 공백이 있었다. 마음이 들썩였다. 어릴 적부터 에너지를 뿜으며 태권도를 단 한 번도 놓지 않았던 공백의 기간은 5년 10년처럼 느껴졌다.

나는 어느새 마음속에 한 가지 꿈을 품고 있었다.

"다시 도복을 입고 뛰고 싶다."
"그래! 다시 도전해보자!"

가까운 도장에 나가 성인부에 등록하고 수련을 시작으로 다시 몸을 만들기 시작했다. 출산에 대한 후유증을 극복해야 했다. 처음부터 과격하게 할 수 없었다. 성인부 수련 몇 개월이 지난 뒤에 지도해 주신 관장님께서 내게 말을 건넸다. "태권도장 경영을 해보시면 어떠세요? 기량이 너무 아까워요." 감사했다. 그렇게 바라봐 주시는 마음에 정말 감사했다. 나는 며칠을 고민했다. 그리고 도전해보기로 다짐했다. 도장을 경영한다는 건 쉬운 일이 아니었다. 내가 가진 현장 경험은 4년뿐. 더 많은 연습이 필요했다. 구인 구직 사이트를 여기저기 찾았다. 바로 이력서를 첨부하였다. 연락이 왔다. 면접이 진행되었다.

내가 지원하게 된 곳은 도장 경영을 대리로 맡아서 하는 곳이었다. 유치원. 영어학원. 수학학원. 음악학원. 태권도장이 함께 운영되는 곳이었다. 태권도장을 대리 관장으로 맡아서 해줄 수 있는 사범이 필요한 곳이었다. 면접자는 운영자 대표셨고 이력서를 보시고 여러 가지 질문을 해주셨다. 내가 태권도를 놓지 않기 위해 신경 쓰며 면접을 본 것은 '밝은 미소를 잃지 말며, 당당한 목소리로 표현하자.' 이것은 태권도에 대한 열정의 태도였다. 며칠 뒤 연락이 왔다. 최종 합격을 하고 바로, 출근했다. 궁금했다.

"이사님, 왜 제가 뽑혔나요"라고 물었다. "사범님의 밝고 환한 미소가 제일 끌렸습니다. 그 미소에서 사범님의 태도가 전부 보였어요."라고 말씀하셨다. 참으로 감사했다.

대리 경영 관장이지만, 내 도장이라고 생각하는 마음, 경영자의 마인드로 시작했다. 기존 수련생들과의 관계를 먼저 쌓기 위해 한 명 한 명 이름을 외웠다. 특성과 기질을 파악했다. 새로 입관하는 아이들을 위해 입관 원서를 준비했다. 사범 지도자 시절 배우고 훈련했던 과정들을 더해 도장 프로그램에 적용했다. 수업 분위기도 하나하나 다시 만들어 채워갔다.

- 도복을 왜 입어야 하는지
- 명상은 왜 필요한지
- 기초 체력은 왜 중요한지
- 태권도장에 오는 수련생의 마음가짐에 대하여

모든 것을 하얀 도화지에 색깔을 채워가듯 알려줬다.

1년이라는 시간이 흐르고 어린 수련생부터 청소년 수련생까지 나의 진심을 알아주고 내 뜻에 잘 따라주었다. 너무 감사했다. 하지만, 곧 헤어져야 했다. 현재 도장이 있는 곳이 새롭게 신도시로 개발된다는 소식을 들었다. 모든 거주자들이 타 지역으로 이사를 해야 했다. 대표 이사님은 내게 이사 갈 곳으로 함께 가자고 하셨다. 하지만, 나만의 도장을 스스로 개척해 나가고 싶었다. 정중히 죄송한 마음을 가지고 사양했다. 대표 이사님도 충분히 이해하시고 응원해주셨다.

'20평 남짓, 15명, 여자관장'
'작지만 강한 도장'

누구보다 진심과 정성을 다해 아이들을 가르치고, 작지만 따뜻한 공간을 만들고 싶었다. 그게 나의 시작이었다. 20평 남짓 자그마한 도장. 지금 생각해보면 참 작고 소박한 공간이었지만, 그때의 나는 그 공간이 전부였다. '내 것이라는 것!', '내 힘으로 일어선다는 것!' 그것만으로도 나는 설레고 흥분이 되었다. 첫 도장을 시작한다고 하니 가르쳤던 청소년부 아이들이 직접 전단지를 돌리며 도와줬다. 나는 지금도 그 제자들을 잊지 못한다. 가끔 자신들의 소식도 전해주었다. 30대가 된 제자들이 어느새 안정감 있는 직장생활도 잘하고 기특하다. "관장님, 그때 재미있고 좋았어요~"라며 추억을 되새겨 준다.

첫 도장에서의 문을 열며 처음 했던 시도는 기존의 부모님들을 초대한 간담회였다. 간담회를 통해 앞으로의 계획을 설명하고 다짐하는 시간이었다. 매우 떨리고 긴장이 되었다. 간담회를 마치고 부모님들께 인사를 드렸지만, 아직은 확실하지 않다는 표정이었다. 아마도, 여성 관장은 처음이고 겪어봐야 알겠다는 눈치였다. 처음 3개월은 한 명의 입관도 없었다. 매우 외로웠고 우울했고 힘들었다. 하지만, 고비를 넘기고 싶었다. 나는 부모님들에게 어떻게 하면 나를 알리고 신뢰도를 높일 수 있을지 고민했다.

- 한 명 한 명 전화를 돌리고 상담을 했다.
- 개인 한 명 한 명 상담일지를 만들었다.
- 도장에서 지켜야 할 예절에 대해 알려줬다.
- 태권도 기본 용어에 대해 매일 외쳤다.
- 상점 제도를 만들어 보상을 해줬다.
- 3개월마다 부모님 초청 공개수업을 열었다.
- 띠별 구분이 될 수 있는 도복을 차별화했다.

- 시작 3개월 만에 시범단을 만들었다.
- 주말마다 스포츠 행사를 열었다. (자전거 안전 교육, 등산, 인라인, 양궁, 야구…)
- 주말 역사탐방 교육

   이 모든 과정은 재원생 그리고 학부모에게 가까이 다가갈 수 있는 계기가 되었다.

   최대한 작은 공간을 활용할 수 있어야 했다. 수련공간을 확보하기 위해 노력했다. 복도에 대기 의자를 만들고, 책꽂이를 만들었다. 복도에서 책을 보며 기다리게 했다. 선풍기와 온풍기를 설치해 덥거나 춥더라도 문제가 되지 않도록 환경을 만들었다. 수련생들이 점차 늘어감에 따라 수련장의 공간을 조금이라도 넓히고 싶었다. 과감한 결정이 필요했다. 옥상으로 컨테이너를 올리고 사무실을 만들었다. 과감한 도전은 나 혼자가 아닌, 조언을 얻을 수 있는 지인, 건물 세입자들의 동의가 있었기에 가능했다. 도장이 성장하기 위한 과정은 계속 이어졌다. 알림장을 만들어 학교 앞에 정기적으로 나가 학생들에게 나눠줬다. 학교 운동회가 있으면 응원차 방문하여 도장 아이들을 위해 즉석카메라로 사진을 찍어줬다.

출석부 정리부터 수련비 안내, 상담 전화, 홍보까지, 도장의 모든 것이 내 손을 거쳐야만 했다. 어떻게 수업을 더 잘할 수 있을지, 아이들의 눈을 어떻게 더 오래 끌 수 있을지를 고민했다. 수련생 15명에서 시작한 도장의 규모는 어느새 200명이 되었다.

관장의 한마디

"시작은 작지만, 진심을 담으면 큰 도장이 될 수 있다."

20평의 도장을 시작할 때 '작지만 강한 도장이 되자!'라는 다짐이 있었습니다. 시작은 작지만, 마음을 다하면 반드시 성장한다는 것을 말하고 싶습니다. 공간은 문제가 되지 않았습니다. 한 명의 아이를 진심으로 바라보는 그 눈빛이 도장의 미래를 만듭니다. 그리고 그렇게 '나만의 도장'이 만들어집니다.

여성 지도자로서 마주한 도전들

"관장님, 남자 사범님은 없어요?"

처음 도장을 운영하며 가장 자주 들었던 말 중 하나다. 학부모들은 조심스럽게 물었지만, 그 질문 속엔 '여성 관장은 믿음직하지 않을 수 있다.'라는 느낌으로 들렸다. 처음엔 상처를 받았다.

'내가 여자라서 부족해 보일까?'
'과연 나 혼자서 잘할 수 있을까?'

하지만 나는 마음속으로 다짐했다.

"여성이라서 안 되는 게 아니라, 지금까지 본 적이 없어서 일 뿐이다."

태권도는 여전히 남성 중심의 세계였다. 도장 운영자 모임에 가면 열 명 중 아홉은 남자였고, "혼자 도장을 운영해요?"라는 질문을 농담처럼 건네는 경우도 많았다. 나는 그때마다 웃으며 말했다.

"네, 그래서 더 열심히 합니다."

하지만 내면에서는 무언가가 계속 싸우고 있었다. 존재를 증명하려는 조용한 전쟁이었다.

여성 관장이라는 편견의 이미지를 벗기 위해 노력했다. 먼저 우선순위로 한 것은 구령에 대한 훈련이었다. 도장에서는 구령이 곧 수업의 중심이다. 인사, 몸풀기, 기초 체력 훈련까지 모든 동작은 구령에 따라 움직인다. 구령을 어떻게 표현하느냐에 따라 이미지는 매우 달라진다. 구령에도 억양이 있고 높낮이가 있다. 그리고 상황에 따라 길게 또는 짧게 소리 내야 할 때가 있다. 군대에서만 넣는 구령이 아니다. 안전하게 통제하고 지도하기 위해서는 구령은 매우 중요하다.

'구령(口令)'
여러 사람이 일정한 동작을 일제히 취하도록 하기 위하여 지휘자가 말로 내리는 간단한 명령. 주로 단체 행동에서 사용한다.

- 백과사전

지도자의 구령은 왜 중요 한가?
집중하게 한다. 지도자의 위엄을 나타낸다. 소수에서 다수의 인원을 통제하는 힘이다.
체력적으로도 버거운 날이 많았다.
아이를 키우며, 도장까지 운영하는 일상은 말 그대로 하루 24시간이 부족한 삶이었다. 출근을 위해, 아이를 어린이집에 맡기느라 오전 시간은 매우 분주했다. 수업이 끝난 후엔 청소와 상담까지 마무리해야 한다. 밤 10시가 넘어 아이들이 잠든 후 퇴근이 일상이었다. 퇴근 후에도 집안일을 위해 새벽이 되어서야 잠이 들었다. 피곤함은 있어도 참아냈다. 도장에서는 여성 지도자라는 이유로, 도장을 '아이 돌봄' 공간처럼 취급받기도 했다.

"애 좀 잘 봐주세요."
"끝나면 꼭 전화 주세요."
"잘 놀고 오면 되죠."

도장은 교육의 공간이고, 태권도는 인격을 키우는 무도이건만 나는 가끔 보육교사처럼 대우받고 있다는 느낌이 들었다. 그래서 나는 태권도의 본질을 지키고자 더 단단해졌다. 아이들에게 '기합'과 '예의'를 강조하고, 수업 시작 전 명상과 경례, 끝날 땐 감사의 인사를 철저히 지도했다. 누군가는 "요즘 그렇게까지 안 해도 된다"라고 말했다. 나는 그럴수록 더욱 지켜내야 한다는 사명과 신념이 간절해졌다.

"여성이 지도자이기 때문에, 더 세심하고 정성이 담긴 수업이 가능하다."

매번 공개수업이 있는 날이면 더욱 힘차게 구령을 넣고 제자들과 함께 모든 시범을 직접 선보였다. 약하다는 말을 듣고 싶지 않았다. 어느 날 공개수업을 마치고 부모님들과 인사를 나눴다. 딸과 아들을 보내시는 아버님께서 내게 전해주신 말이 가슴 속에 꽂혔다. "관장님, 여성분이라서 그런지, 부드러움과 강인함을 가지고 계시네요. 앞으로도 잘 부탁드려요"라고 말씀해 주셨던 기억이 난다. 나는 그때 그동안 여성 지도자라는 편견에 대한 외로움을 달랠 수 있었다. 그리고 눈물이 났다. 이렇게 알아봐 주시는 부모님도 계시다 는 생각에 큰 위로와 격려가 되었다. 그 후로 더욱 제자들을 위해 정성을 다했다.

매일 도장 건물 옥상에 올라가 오전 운동을 했다. 지도자로서 자기 계발과 자기관리는 기본이었다. 나를 위한 훈련이 없으면 도장의 성장도 없다는 신념을 가지고 있었다. 도장 건물은 아파트와 인근 프라자 상가보다 낮은 건물이었다. 높은 건물에서 내려다보이는 구조였다. 그 공간은 내가 집중하고 훈련할 수 있는 공간이었다. 나의 운동하는 모습, 땀 흘리는 모습을 누군가가 볼 수도 있었다. 보이기 위함이 아닌, 오로지 나를 위한 시간이었다.

"태권도는 다른 무술과 어떻게 달라요?"

가끔 부모님들이 물어보신다. 그 이유에 대해서 나는 명확하게 전해드릴 수 있는 지도자가 되고 싶었다.

주말에는 태권도장에 접목할 수 있는 교육을 찾아 세미나 장을 찾아다녔고 배움에 아낌없이 투자했다. 또한, 타 종목에 대한 이해도 필요했다. 학부모 상담 시 타 무술에 대한 장단점을 접목하여 잘 전해주고 싶었다. 검도. 합기도. 무에타이. 킥복싱. 복싱장을 다니며 훈련했다. 그리고 단증과 지도자 자격증까지 취득했다. 대학 시절에는 교양필수 과목인 유도를 배워 자격증을 가지고 있었다. 이 모든 과정을 통해 태권도와 어울릴 수 있는 종목을 매칭 하며 프로그램을 만들고 지도했다. 태권도의 기본과 본질을 지키면서 실전에 가능한 훈련을 병행했다.

시범단은 5명의 시작으로 30명이 되었다. 지역 사회를 위한 이벤트를 열었다. 공원 장소를 빌려 공개수업과 시범 공연도 펼쳤다. 지도자라고 해서 구령 소리만 내는 것이 아닌, 제자들과 직접 몸으로 뛰며 움직였다. 지역에서 여자관장으로 남자 관장 못지않은 입지를 가졌다. 단호하되, 공감하는 지도자. 원칙은 지키되, 마음은 함께하는 리더. 그게 바로 나, 여성 태권도 관장만이 가질 수 있는 리더십이었다. 그리고 지금, 나는 자랑스럽게 말할 수 있다.

"나도, 나와 같은 여성 지도자들도, 누구보다 강하고, 따뜻하고, 영향력 있는 존재다."

관장의 한마디

"여성에게는 여성만의 리더십이 있다."

섬세함, 따뜻함, 그리고 단호함. 그건 누구도 흉내 낼 수 없는, 여성 지도자만의 힘입니다. 편견 앞에서 실력으로, 선입견 앞에서 진심으로, 당신의 길을 묵묵히 걸어가세요. 그 길 위에 당신만의 빛이 생겨납니다.

태권도장 경영의 실제: 45분 수업 도전기

"태권도장은 무술 수련의 공간이자, 삶의 가치를 전하는 학교와도 같다."

'사범(師範)'
남의 스승이 될 만한 모범이나 본보기

- 백과사전

태권도 사범은 단지 기술을 가르치는 사람이 아니다. 아이들과 눈을 맞추고, 변화의 과정을 함께 지켜보며, 도장의 행정과 사람을 이끌어가는 사람. 나는 어느 순간 '지도자'에서

'경영자'로 변하고 있었다.

경영이란, 목표를 현실로 만들어가는 것. 피터 드러커는 이렇게 정의했다. "경영은 바람직한 희망이 아니라, 구체적인 업무로 성과를 만드는 일이다."

대학은 나에게 기술을 가르쳤지만, 경영을 알려주진 않았다. 그래서 스스로 부딪히며 배워야 했다. 도장이 성장할수록, '결단'은 더 중요해졌다. 그 결단 하나가 도장의 분위기와 철학을 결정지었기 때문이다.

작은 도장에서 수련생이 120명이 넘어가자, "너무 좁지 않나요?", "아이들이 너무 많은 거 아니에요?"라는 말이 들리기 시작했다. 확장도 고민했지만, 여건은 허락하지 않았다. 그때 문득 이런 생각이 들었다.

"왜 꼭 60분이어야 할까?"

나는 학교 교육과정의 시간을 참고했다. 초등학교 40분, 중학교 45분, 고등학교 50분. 그리고 아이들의 주의 집중 시간은 평균 15~20분을 넘지 않는다는 사실을 알게 됐다. 핵심만 담고, 집중만 높인다면 45분도 충분했다. 중요한 건 시간의 길이가 아니라, 내용의 밀도였다.

학부모들에게 수련 시간 조정에 대해 자세히 설명드렸다. 단순히 '짧아진 시간'이 아니라, 더욱 효율적인 구조라는 점을 강조했다. 부모님들은 지도 철학을 이해했고, 도장은 45분 수업, 5분 정리 시간 체계로 하루 최대 11~13타임까지 운영할 수 있게 되었다.

이것이 가능했던 이유는 명확했다.

- 운영 철학이 분명했고,
- 학부모의 신뢰를 얻었으며,
- 시스템이 정교하게 갖춰져 있었기 때문이다.

수련생 관리, 상담, 특강, 성인부 수업, 모든 일정을 나는 직접 운영했고, 사범님들은 수업에만 집중할 수 있도록 체계를 잡았다. 차량 운행도 구역을 명확히 하여 다른 도장에 피해를 주지 않도록 예의를 지켰다. 작은 부분까지 정성스럽게 운영한 결과, 도장은 더 단단해졌다.

	학기 중 시간표	방학 중 시간표
맘스부	10:00~11:00	10:00~11:00
특강	/	11:00~11:50
특강	/	12:00~12:50
1부	1:30~2:15	1:30~2:15
2부	2:20~3:05	2:20~3:05
3부	3:10~3:55	3:10~3:55
4부	4:00~4:45	4:00~4:45
5부	4:50~5:35	4:50~5:35
6부	5:40~6:25	5:40~6:25
7부	6:30~7:15	6:30~7:15
8부	7:20~8:05	7:20~8:05
9부	8:10~8:55	8:10~8:55
10부	9:00~9:55	9:00~9:55

"어떻게 하루 13타임을 가능하게 했어요?"

라는 질문을 종종 받는다. 내 대답은 항상 같다.

"사범님들과의 팀워크 덕분입니다."

나는 명령하지 않았다. 언제나 '부탁'으로 시작했다.

"사범님, 이번엔 이렇게 바꿔보면 어떨까요? 이유는 이렇고, 기대 효과는 이런데요."

이런 소통이 누적되자, 사범님들도 기꺼이 마음을 열어 함께 걸어주었다. 그렇게 2010년, 경기도 용인 최초로 45분 수업 도장을 운영하기 시작했고, 시스템은 성공적으로 안착했다. 그 모든 시간, 사범님들과 함께한 기억은 지금도 내 마음속에서 반짝인다.

나는 늘 고민했다.

"어떻게 하면 교육다운 도장을 만들 수 있을까?"

태권도를 단지 '체력 단련'으로 여기는 인식을 바꾸고 싶었다. 그래서 나는 학교처럼 연간 교육 계획과 행사를 체계화했다. 학부모에게 신뢰받는 도장을 만들기 위해 학교 홈페이지, 유치원 안내문, 각종 공지 사항을 참고해 도장 수업에 반영했다. 주말 행사와 인성 교육 주제를 정기적으로 매칭

했다. 그리고 다음과 같은 시스템을 도입했다:

- 수업 커리큘럼 체계화: 월별 목표, 띠별 수준 구성
- 개인 상담일지 운영: 아이의 성격, 강점, 성장 과정 기록 및 부모 공유
- 정기 상담과 공개수업: 매월 소통, 공개수업 후 피드백 제공
- 보상과 동기부여: 출석왕, 칭찬상, 모범 태권도인 상, 스티커 상점 운영, 강점 칭찬 상장
- 품별 도복 차별화: 성취감과 동기 자극을 위한 시각적 시스템 도입
- 도장 문화 강조: "도복 스스로 개기", "기합은 태도", "예의는 습관"으로 생활 태도 교육

도장은 단지 기술을 배우는 곳이 아니다. 나는 늘 생각했다.

"이곳이 아이들이 삶의 태도를 배우는 태권도장이었으면 좋겠다."

누구나 도장을 운영하다 보면 위기가 찾아온다. 그 순간들을 이겨내는 힘은 '흔들리지 않는 신념'이다. 시스템, 진심,

경영자의 마인드. 이 세 가지는 어떤 순간에도 나를 붙잡아 주는 버팀목이 되었다.

나는 도장을 남들과 비교하지 않았다. 내 도장은 내가 지킨다. 그리고 나는 언제나 기도했다. "내 도장에 오는 아이들만큼은 건강하게 잘 자라게 해달라고." 도장 경영은 결국 사람의 일이다. 아이의 마음을 읽고, 학부모의 기대를 이해하며, 동료와의 신뢰를 지켜가야 한다. 그리고 그 안에서 매일 '나' 자신도 성장해야 한다.

태권도장 경영은 결국, 사람이다. 나는 지금도 생각한다. 태권도장 경영의 핵심은 '전략'도 '수익'도 아닌 '사람을 다루는 일'이라는 것을 말이다. 아이의 마음을 읽고, 학부모의 기대를 헤아리고, 직원과의 신뢰를 쌓고, 스스로를 매일 경영하는 일. 그 모든 걸 경험하며 나는 확신했다.

"태권도장은 무도 수련의 공간뿐만 아니라, 인생을 배우는 작은 학교다."

관장의 한마디

"도장 운영의 본질은 수련생 한 명의 삶을 책임지는 마음이다."

운영 시스템도, 홍보 전략도 중요합니다. 하지만 결국 가장 오래 남는 도장은 '진심이 전해지는 도장'입니다. 지금 내 도장에 오는 아이 한 명, 그 아이의 삶에 내가 어떤 영향을 주는지를 매일 묻는 지도자라면, 그 도장은 반드시 성장합니다.

맘스태권도 교실의 탄생과 성장

"관장님, 저희도 수련할 수 있을까요?"

태권도장을 운영하던 어느 날, 수련을 마치고 아이를 기다리던 한 어머님이 조심스럽게 말을 건넸다. 어쩌면 그분의 그 한마디가 아니었다면, 나는 여전히 아이들만을 위한 수업에 머물렀을지도 모른다. 그날 이후 나는 마음속에 품고 있던 질문 하나를 진지하게 꺼내 보았다.

"엄마들도 도장에서 수련할 수 있어야 하지 않을까?"

그 질문이 '맘스 태권도'라는 이름의 도전을 낳았다. 처음에는 롤 모델도 없었고 운영 사례도 찾아볼 수 없었다. 하지만 나는 "한 명이라도 괜찮다."라는 마음으로 학부모님들을 대상으로 지역 최초 '맘스 태권도 교실 모집' 안내를 했다. '한 명이라도 시작합니다!'라는 문구를 강조하며 주사위를 던졌다. 그리고 시작하는 날을 기다렸다. 1명의 어머님이 신청하셨다. 크게 기대하진 않았기에 괜찮았다. 3명의 어머님이 오셨다. 부끄러운 듯이 도장의 문턱을 넘어서셨다. 나는 너무 반갑게 맞이했다. 그리고 물었다.

"어떻게 결정하시게 되셨어요?"
"관장님께서 한 명이라도 시작하신다는 말에 용기를 냈어요."

라고 했다. 너무 감사했다. 나 또한 처음이라 부끄럽고 잘할 수 있을지에 대한 걱정이 앞섰지만, 이미 주사위는 던져졌다. 그렇게 첫발을 내디뎠다.

수업을 시작하며 1개월 동안은 학부모님들의 동의를 얻어 캠코더를 켜놓고 수업을 기록했다. 어떤 동작이 부담스러운지, 어떤 방식으로 설명해야 더 효과적인지, 지도자의 태도는 어떠한지, 스스로를 되돌아보는 시간이기도 했다. 그 기록은 나에게 끊임없이 질문을 던지게 했다. 개선점을 찾아 수업에 반영하였다.

맘스 태권도 수업은 기존 수업을 그대로 옮기지 않았다. 출산 후 여성들의 몸 상태는 각기 다르고, 회복 속도 또한 천차만별이었다. 복부 근육의 약화, 골반 통증, 심리적인 위축까지 고려해야 했다. 그래서 나는 태권도 동작 하나하나를 분석하고 조정했으며, 운동생리학 책과 여성 건강 관련 도서를 찾아가며 수업을 설계했다.

그렇게 맞춤형으로 구성된 수업은 어머님들에게 운동 이상의 감동을 전했다.

"너무 시원해서 좋아요."
"활력이 생겨서 좋아요."
"아이와 공감할 수 있는 대화가 통해서 좋아요."

그동안 임신이 되지 않아, 불임으로 알고 계셨던 어머님은 맘스 태권도 교실 수련 6개월 후 뱃속에 첫 아이를 가졌다. 그리고 건강하게 아이를 출산했다. 수련생 한 명이던 수업은 어느새 입소문을 타고 점차 늘어나기 시작했다. 어머님들은 공개수업 시기 시범을 보이며 '엄마도 할 수 있다.'라는 자신감을 보여줬다.

  두 번째 도장을 개관했을 때, 맘스 태권도는 신규 모집에 중요한 역할을 했다. 아이들만 수련하는 것이 아닌, 엄마도 수업에 참여할 수 있다는 점을 알렸다. 즉, '가족 중심 도장'이라는 인식을 심어주었으며, 부모의 입관이 자녀의 입관으로 이어졌다. 도장의 이미지는 자연스럽게 신뢰로 이어졌다. 한명 두명 점차 늘어가고 1개의 반에서 2개의 반이 만들어졌다. 도전하지 못할 것 같았던 어머님들이 서로를 격려하며 함께 수련을 쌓아갔고, 드디어 상상하지도 못했던 국기원 1단에 도전하게 되었다. 어머님들의 경험은 곧 도장의 브랜드가 되었다. 이 특별한 프로그램은 우리 도장을 더욱 빛나게 만들었다.

  "제가 할 수 있나요?" "해보겠습니다!"

  어느 날 도장에 계신 사범님의 예비군 훈련 날이 되어 도장에 자리를 비워야 하는 날이 되었다. 보조 역할을 해주실 수 있는 사범님이 필요했다. 머릿속에 스친 생각은 '맘스 어머님들에게 여쭤보고 도움을 요청하자.'라는 생각이 들었다.

맘스 교실 단톡방에 글을 올렸다.

【도움 요청 공지】

사범님께서 동원 훈련에 참가하게 되어 도장에서 오후 2시~6시까지 수련생들 지도에 보조 사범님 역할을 해주실 수 있으신 맘스 사범님 두 분을 모십니다.

- 시간: 2시~6시
- 시급: 8,000원 (당시 시급 기준)
- 업무: 수련생 안전과 질서 지도 및 미트 잡아주기, 환복 도와주기
- 복장: 도복과 띠 착용
- 내용: 어렵지 않습니다. 엄마의 마음으로 계셔만 주셔도 너무 큰 힘이 됩니다.

문의가 들어왔다.

"제가 할 수 있나요?"

나는 너무 반가웠다. 맘스 어머님들은 2016년 당시 아직 1단이 되지 않은 시기였다. 그동안 내게서 배워오신 과정과 태도를 보아서는 전혀 문제가 없으셨다. 용기를 드렸고 나는 간절했다. "해보겠습니다!"라는 답변에 너무 감사했다. 그리고, 2명의 맘스 어머님이 지원해 주셨고 수련 시간은 완벽하게 잘 마무리가 되었다. 그리고 나는 비전을 보았다. 그 과정의 시작이 지금 나의 도장에 '맘스 사범님'을 배출하게 된 계기가 되었다. 맘스 태권도 어머님들의 인생에 제2의 전환점과 같은 직업으로 자리매김된 것이다.

맘스 태권도 교실의 영향력은 전국 무대에서도 이어졌다. 2017년, 전국 태권도장 경진대회에 '맘스 태권도' 주제로 참가해 은상을 수상했고, 나는 대한태권도협회의 공식 맘스 태권도 콘텐츠 강사로 임용되었다. 그리고 더 놀라운 일은, 맘스 수업에 참여했던 어머님들은 4단까지 승단하였고, 전국 최초 '맘스 사범님'이라는 공식 명칭으로서 자신들을 알리며 현재까지 지도자로서 활동하게 되었다. 스포츠 관련 매체의 인터뷰가 쇄도했고, 지금도 그분들은 나의 도장에서 수련하며, 지도자의 길을 걷고 있다.

나는 맘스 태권도를 통해 태권도의 가능성을 다시 확인했다. 여성 지도자이기에 엄마의 마음을 더 잘 이해했고, 공감할 수 있었으며, 그 결과 교육의 지평을 넓힐 수 있었다. 작은 시작이었지만, 그 한 걸음이 결국 누군가의 인생을 바꾸는 발판이 되었다.

맘스 태권도 수업이 발전하면서 교육 커리큘럼도 함께 성장했다. 처음에는 스트레칭 위주의 프로그램이었지만, 점점 품새, 발차기, 겨루기까지 도전할 수 있는 체계로 발전했고, 맘스들은 2019년 전국 품새대회에 출전하여 1위~3위까지 입상 실력을 이뤄냈다. 또한, 계속해서 국기원 단증을 취득하는 과정까지 지속되었다. 맘스 어머님들에게 단증을 수여한 그 날을 잊지 못한다. 눈물과 박수로 가득했다. 단순히 운동을 넘어서, 그들은 '삶의 무대' 위에 다시 섰다는 자부심을 안게 되었다. 그리고 맘스 어머님들의 인생 스토리에 한 페이지가 장식된 것이다.

수련생 어머님으로 시작된 인연이, 맘스 태권도 제자가 되고 4단 유단자가 되어 정식 지도자가 되었을 때, 나는 또 다른 확신을 얻었다. '교육은 한 사람을 바꾸는 것이 아니라, 그 사람의 삶 전체를 바꾸는 일이다.' 지금도 그분들은 도장에서, 새롭게 시작하는 엄마들에게 롤 모델이 되어 또 다른 시작을 돕고 있다. 그중 한 분은 말했다.

"관장님, 저 같은 사람이 이제는 다른 엄마의 롤 모델이 되었다는 게 신기합니다."
"꿈꿔보지도 못한 일을 내가 하고 있다는 것이 너무 감사해요."

그 말을 들으며 나는 다시 생각했다. 내가 만든 이 수업은 단순한 프로그램이 아니라, '누군가의 인생을 바꾸는 무대'라는 것을 말이다.

맘스 태권도는 단순히 여성 대상의 운동 프로그램이 아니다. 그 안에는 용기와 연대, 회복과 성장이라는 메시지가 있다. 그리고 그것을 가능하게 만든 건, 여성 지도자로서의 공감력과 관찰력, 그리고 진심이었다.

관장의 한마디

"처음은 늘 작고 두렵지만, 그 시작이 누군가의 인생이 된다."

당신의 도장에 들어온 단 한 사람을 진심으로 마주하세요. 그 진심은 반드시 그 사람의 인생을 변화시키고, 또 다른 지도자를 만들어낼 것입니다.

Part 3

위기와 도전

도장 화재와 경매

 작은 도장이었다. 20평 남짓한 공간, 그러나 내게는 세상 무엇보다 소중한 꿈의 터전이었다. 그곳은 내 첫 도장이었고, 나만의 첫 번째 시작이었다. 그러던 어느 날, 그 시작을 뒤흔드는 예상치 못한 위기가 찾아왔다.

 '바스락~ 바스락~'

 그날도 평소처럼 사무실에서 업무를 보고 있었다. 상가 건물 옥상에 임시로 마련한 컨테이너 사무실 안에는 창문 너머로 햇살이 스며들고 있었다. 나는 매일 같은 루틴으로 오전 운동을 마치고 사무실에서 도장 행정 업무를 하고 있었다. 그런데 갑자기, 등 뒤에서 '바스락, 바스락'하는 작은 소리가 들려왔다. 순간, 코끝을 찌르는 매캐한 냄새가 느껴졌다. 나는 본능적으로 고개를 돌렸다. 창문 너머, 회색빛 연기가 피어오르고 있었다.

'설마, 불이야?' 가슴이 철렁했지만, 머리는 놀랍도록 차가워졌다. 나는 재빨리 밖으로 뛰쳐나갔다. 컨테이너 뒤편, 엉켜 있던 전선들 사이에서 불꽃이 타오르고 있었다. 전선이 겹겹이 쌓여 있던 그곳에서 불이 번지고 있었다.

나는 망설이지 않았다. 바로 119에 신고했다. 위치와 상황을 정확하게 전달했다. 곧바로 사범님들에게 전화를 걸어 상황을 알렸다. 아직, 도장 오픈 시간 전이었기에 도장 내에 다행히 사람은 없었다. 건물 아래층으로 뛰어 내려가 상가 임차인들에게 상황을 알리고 대피를 유도했다. 그리고 단지 내 관리사무소에도 즉시 연락해 도움을 요청했다.

"옥상에 불이 났습니다. 빠른 도움 부탁드립니다!"

불이 순식간에 크게 번지고 있었다. 작은 소화기로는 꺼

지지 않았다. 계단 아래층에서 소방 밸브를 찾았다. 소방 밸브가 강하게 잠겨 열리지 않았다. 나의 마음은 긴박했다. '이러다가 건물 전체가 타 버리면 어떡하지'라는 초조한 마음이 강했다. 그사이에 단지 내 관리사무소 직원분들이 달려왔다. 함께 밸브를 당겨보지만 열리지 않았다. 속이 타들어 갔다.

다시, 옥상으로 올라갔다. 사무실까지 번질 수 있는 상황이었고, 가스통 2개가 타오르는 불길 옆으로 가까이 세워져 있었다. 열기에 언제 터질지도 몰랐다. 오만가지 생각이 들었다. 만약, 가스통이 터진다면, 사무실이 불타오르고 건물 전체가 날아가 버리면… 무엇보다도 인명 피해가 나지 않길 바라는 마음이 컸다. 그 사이 직원분들이 소화기를 가져와 함께 불을 진화했고 다행히 불은 꺼졌다.

신속하게 대응한 덕분인지 소방차가 급히 도착했다. 관리사무소와 상가 입주민들의 협조로 초기 진화를 할 수 있었다. 큰 피해 없이, 불은 꺼졌다. 나는 그 순간, 내가 겁내지 않고, 침착하게 움직였다는 사실에 스스로 놀랐다.

불은 꺼졌지만, 도장 옥상은 심각한 연기 피해를 입었다. 시커멓게 그을린 바닥과 벽면, 젖은 바닥, 훼손된 기자재들… 한참 동안 그 모습 앞에서 침묵하고 있었다. 소식을 듣고 쫓

아온 경찰관들이 수사를 위해 나를 불렀고 현장 상황에 대해 물어보았다. CCTV를 확인했다. 누가 옥상으로 올라온 흔적이나 카메라에 찍힌 사람은 아무도 없었다. 귀신에 홀린 듯 잠시 나는 넋을 놓고 있었다. 잠시 뒤 도장 전화벨이 울렸다.

"관장님 괜찮으세요?"

불이 난 광경을 아파트에서 지켜보고 계셨던 학부모님의 전화였다.

"관장님~ 가스통 옆에 서 계신 것 보고 우리 나린이가 관장님 큰일 나는 줄 알고 울고 난리 났었어요. 관장님 구해야 한다고요~"

그 말에 나는 잠시 참았던 눈물을 쏟아내며 걱정해주셔서 감사하다는 말을 전했다.
그 순간들을 잠시 생각했다. 만약, 내가 그 순간을 놀래거나 당황하기만 했다면, 상황을 더욱 악화되었을 것이다. 하지만, 내 도장을 지켜야 한다는 마음과 누구도 다쳐서는 안

된다는 간절함이 발 빠른 대처와 초기 진화로 마무리될 수 있었다. 며칠 뒤 경찰 조사 결과 '옥상에 얽혀 있던 전선들이 바람으로 인해 잦은 부딪힘이 있었다. 스파크가 일어난 누전'으로 종결되었다. 참으로 다행이었다. 도장 내부로는 불이 번지지 않았다. 컨테이너 사무실에도 불은 옮겨붙지 않았다. 어쩌면, 이러한 상황은 하늘의 도우심 없이는 불가능했던 일이었다.

  옥상에 낡은 기자재며 복잡한 물건들이 즐비했다. 불이 난 뒤에 건물 내에서는 상가 주인들의 도움으로 관리비를 조금씩 걷어 옥상 폐기물을 버리고 정리했다. 다시 시작한다는 마음으로 마음을 정돈했다. 한편으로는 매우 감사했다. 만약, 불이 건물 전체로 번졌다면, 누군가 다치거나 희생되는 사람이 있었다면 좋지 않았을 상황들이었다. 참으로 감사했다. 이 또한, 담대함으로 이겨내는 상황이 되었다.

  도장의 상황은 학부모들과 주변 지역주민들에게 빠르게 번져갔다. 다행히도 염려해 주시고 안도해주시는 마음과 격려에 힘을 냈다. 그 마음들이 놀라고 걱정했던 내 마음을 다시 세워줬다. 도장에서는 다시 한번 더 수련생 제자들에게 어디에서든지 어떻게 일어날지 모르는 화재 등의 상황에 대해 안전 교육을 했다. 도장은 문제없이 안정을 찾았고 언제 그랬냐는 듯 다시 일상을 찾았다. 여전히 도장 안에서의 수련생들 눈은 반짝였다. 그 눈빛을 보고 나는 다시 열정을 가지고 뛰고 가르쳤다.

"관장님이신가요?"

그렇게 안정을 찾고 1년이라는 시간이 지났을까, 또 다른 위기가 찾아왔다. 도장 임대인의 빚으로 인해 도장이 경매에 넘어간 것이다. 빚쟁이들이 도장을 찾아왔고 압박했다. 내게 '왜?' 나는 그저 도장 안에서 열심히 아이들을 지도하는 사범으로서 최선을 다해 살고 있는데 '왜?'라는 의문이 자꾸 머릿속을 맴돌았다. 임대인은 상가와 집을 담보로 은행이며 제3금융권까지 빚을 진 상태였다. 보증금이 있는 임차인들에게까지 와서 빚쟁이들이 독촉을 할 정도이니 상황은 말이 아니었다. 화재로 인해 도장이 안정화되고 마음을 추스른지 얼마 되지 않아 이와 같은 상황은 매우 충격이고 스트레스였다.

은행에서 찾아오고, 2.3금융권에서 찾아오고, 사채업자들이 찾아왔다. '이 사람들이 나를 찾아 오는게 맞나?' 싶을 정도로 내게는 매우 힘든 시간이었다. 도장에서 근무하는 사범님들에게는 티를 낼 수가 없었다. 아이들을 가르치는 지도자로서 불안한 마음을 가지게 하고 싶지 않았다. 도장 학부모 및 수련생들에게도 불안한 분위기를 전해주고 싶지 않았다. 나는 그렇게 끙끙 앓아야 했다. 그 위기를 나는 벗어나고 싶었다. 첫 도장을 한 자리에서 그렇게 7년 반이라는 시간을 지켜냈다. 공든 탑이 무너지는 듯 나는 매우 고된 시간을 보내야 했다. 다시 시작해야 했다. 곧, 이어 전염병인 '메르스'가 전국에 유행처럼 번져갔다. 도장의 또 다른 위기가 찾아왔고 잠잠한 사이 나는 결국, 중요한 결정을 해야만 했다. 보증금은 돌려받지 못하였다. 새로운 전환이 필요했다.

작은 도장에서 일궈낸 그 힘으로 좀 더 큰 규모의 도장에 도전하고 싶었다. 어쩌면, 나는 나를 시험하고 성장하고픈 욕구가 강했었다. 기존에 정들었던 제자들과의 이별은 또한, 첫 도장이라는 애정과 애착이 강했기에 매우 가슴 아팠다. 한 명 한 명에게 손수 편지를 써서 부모님들에게 전했다. 도장에 대한 진심과 애정이 너무 진했기에 떠나는 마음이 너무 힘들었다. 그래도 이겨내야 했다. 다시 재도약을 위해 나는 힘을 냈다.

첫 도장에서 화재와 경매라는 사건은 내게 큰 교훈을 남겼다. 진짜 지도자는 위기에서 드러난다는 것이다. 리더십은 평온할 때가 아니라, 불길이 덮칠 때 위기가 있을 때, 진짜 빛난다는 것. 그리고, 포기하지 않는 마음이 가장 강한 무기라는 것이다.

관장의 한마디

"두려움보다 먼저 움직이는 것이 리더의 품격이다."

위기는 누구에게나 옵니다. 하지만 그 순간, 두려움을 앞세우지 않고 책임감으로 움직이는 지도자만이 자신과 사람들을 지킬 수 있습니다. 그 불길과 위기 속에서도 배움이 있습니다. 진심과 담대함은 어떤 위기도 이겨낼 수 있습니다.

제 2막 제로에서 다시 시작하기

내게는 4명의 자녀가 있다. 우리 아이들을 위해 양육해 주시는 부모님을 부양해야 하는 막중한 책임이 있다. 다시 나는 일어서야 했다. 첫 도장에서 나는 많은 것을 배웠다. 무너지는 순간에도 다시 일어설 수 있다는 것, 포기하고 싶은 마음보다 '지켜야 할 마음'이 더 강하다는 것. 그리고 나는, 다시 결심했다.

"이제, 제2막을 시작하자."

다시 새롭게 시작할 곳을 여기저기 직접 발로 뛰며 2개월을 찾아 헤매었다. 거리, 위치, 평수, 경쟁 도장, 환경 등을 꼼꼼히 살피며 그렇게 2개월이라는 공백의 시간을 보내고 완전히 새로운 환경, 이전보다 훨씬 넓은 100평 규모의 도장. 신축 건물로 정리된 외관, 쾌적한 내부, 밝은 조명과 통풍까지 갖춘 누가 봐도 '잘 될 만한 곳'이었다. 하지만 한 가지 문제가 있었다. 원생이 '0명'이었다. 게다가 주변에는 이미 6개의 합기도. 특공무술. 주짓수. 태권도장이 자리하고 있었다.

"지금 이 지역에서 새로 시작한다고요?"
"거기 이미 포화예요. 너무 많아요."

주변의 반응은 회의적이었다. 누구도 선뜻 '괜찮겠다'라는 말을 하지 않았다. 어느 날 대학 교수님께 들었다. 대학 선배가 "민정이 광교에 죽으러 들어갔습니다."라고 말을 했단다. 그만큼 '광교'라는 지역은 쉽지 않은 곳이라는 평에 소문이 돌았다. 누가 뭐라고 하든지 말든지 나는 내 도장에 집중해야 했다. 주변 도장들의 환경과 수련 분위기를 살펴보았다. 정통 태권도의 가치에 집중하는 도장은 없어 보였다. 대부분, 놀이, 케어, 보육, 행사 등의 서비스에만 집중하는 도장이었다. 정통 태권도의 가치를 전하는 도장도 있었지만, 근거리는 아니었다. 주변에서 회의적일 때 나는 알고 있었다. 이건 단순한 입지 조건 싸움이 아니라, 태권도의 가치를 누구보다 깊이 이해한 내가 과연 그것을 진심으로 전달할 수 있는가의 싸움이라는 것을 말이다.

"나의 강점은, 밀어붙이는 추진력과 세심한 전략이다."

도장 주변은 신도시가 입주한 지 4년 정도 된 곳이었다. 처음 신도시 개발로 들어온 도장들은 이미 자리를 잡고 있었다. 또한, 구 도시지역을 함께 근거리로 두고 있었지만, 신도시 위치 지역에 가까웠다. 높은 고층 아파트가 쭉 뻗은 곳에 제 2막 시작 도장의 위치는 밀집 상가 지역이 아니었다. 조금의 복잡함을 벗어나 초등학교와는 도보 7분 거리 위치, 바로 뒤편에는 고등학교, 도보 5분 거리에는 시립어린이집이 있었다. 근거리 타깃 초등학교는 2곳, 유치원 어린이집 포함 2곳, 아파트 5,000세대였다. 나는 도전했다.

인테리어 공사가 진행되는 1개월이라는 시간을 두고 타깃 단지에 선(先) 홍보를 진행했다. 직접 발로 뛰며 지역 분위기에 빠르게 적응하며 살피는 것이 중요했다.

제로에서 300명 전략

구분	1차	2차	3차	4차	5차
입지확인	학교 및 학생 수	단지 세대 수	경쟁 도장 수	소득 수준 확인	동선 확인
홍보전략	단지 입구 확인	오전 유치원등원 시간 확인	학부모 미팅 시간 확인	유치원 차량등교시 대면 홍보	단지 집중 3회 방문
경쟁력	광교에서 가장 넓은 수련 환경	광고 최초 맘스 성인 태권도	전문지도자 정통태권도	광고 유일 여성 태권도관장	아침 등교 차량 無
안전지도	차량 동승자	차량 안전 지도 집중	건물 내 유해 업소 無	학원 중심 상가	도장 건물 내 타 학원과의 연계

나는 당당했다. 선물 마케팅, 무료 수강료, 무료 증정, 1+1의 마케팅 홍보는 하지 않았다. 태권도장이기에 교육 도장이기에 정직하게 당당하게 하고 싶었다. 고민하지 않았다. 두려움은 준비로 이긴다.

"실력과 정성, 진심으로 마주하자!"

나의 신념이었고, 다짐이었다. 첫 번째 도장에서 나는 주변 도장 또는 지인들의 수많은 고충을 들었다. 도장들의 경쟁으로 인해 수련생들의 머릿수를 돈으로 계산하는 지도자들이 있었다. 내게는 매우 비겁해 보였던 방법이었다. 빠른 도장 성장을 바라는 일부 지도자들 때문에 정통이 아닌 도장은 변질되어 가기 시작했다. 도장을 여는 첫날부터 나는 마치 100명이 수련하고 있는 것처럼 모든 것을 세심하게 준비했다.

내가 강조했던 것은 도장 외벽에 큼직하게 걸린 '정통 태권도 도장' 현수막, 그리고 무엇보다. '가르치는 힘과 태권도의 가치'을 증명할 수 있도록 심혈을 기울였다. 도장을 오픈 한 지 한 달이라는 시간이 흘렀다. 기적처럼 도장을 오픈하고 정확히 30일 뒤, 우리 도장의 등록 수는 60명을 돌파했다. 지인이나 가족의 도움 없이, 순수하게 홍보와 상담, 체험 수업을 통해 이뤄낸 결과였다. 나는 1:1 상담 때 부모님들에게 단 한 가지를 전했다.

"우리 도장은 놀이 도장을 지향하지 않습니다. 정통 태권도의 가치와 인성을 중심으로 아이를 바르게 키우고 싶으신 부모님의 뜻이 맞아야 하는 도장입니다. 함께해주세요."

그 말에 고개를 끄덕이며 돌아갔던 부모님 중 많은 분이 결국 아이 손을 잡고 다시 돌아왔다.

주변 도장은 아침 등교 차량을 운영하고 있었다. 하지만, 나는 하지 않았다. 어느 학부모님께서 2번~3번을 다녀가셨다. '아침 등교를 하지 않는다는 것 때문에 고민'이라고 하셨다. 결국에는 우리 도장에 등록하셨다. 도장의 처음 이름은 '용인대 광교 태권도장'이었다. 당시에는 출신 학교에 대한 자부심과 긍지가 남달랐기에 트렌드는 학교 이름을 넣어 도장 명칭을 짓는 것이 유행하던 때였다. 아침 등교를 하지 않는 이유를 분명하게 말씀드렸고, 교육의 질에 더욱 정성과 노력을 다하겠다는 마음이 닿았던 것 같다.

경쟁은 문제가 되지 않았다. 주변에 6개의 도장이 있었다. 하지만 나는 그 도장들을 경쟁자로 생각하지 않았다. 우리 도장은, 우리만의 방향으로 간다. 맘스 태권도를 도입해 가족 중심 도장으로 포지셔닝 했고, 맘스 태권도로 인해 자녀가 입관하고, 친구들이 입관했다. 맘스 태권도 클래스는 어느덧 오전 2부에 나누어 수련을 열었고, 활성화됐다.

매달, 주제 중심 성품 교육을 진행했다. 타 도장과의 차별화를 위해 '실전 태권도'반을 개설하였다. 개설 3개월 만에 무에타이 킥복싱 대회에 출전하여 2년 연속 종합우승을 했다. 내 도장만의 차별화가 필요했다. 당시, 타 도장들의 압박을 나는 느꼈다. 나의 경쟁력이 필요했다. 빠른 시기에 경쟁력을 보여줄 수 있는 것이 필요했기에 나는 내가 도전할 수 있고 적용할 수 있는 것에 집중했다. 태권도 교육과도 연계될 수 있는 실전 태권도 기술이 큰 경쟁력이라 생각했다. 과거 킥복싱에 도전했던 단증과 지도자 자격증 보유자로 도장 수련에 접목했고 전략은 성공적이었다. 그 이유는 킥복싱 대회에 출전했던 결과가 말해줬다. 승과 패를 통해 결과가 바로 발표되는 링 경기의 특성을 이용했던 것이 적중했다. 도장이 성장할 수 있는 기본은 말로만 떠드는 것이 아닌, 직접 보여주며 뛰는 관장의 노력과 진심이었다.

도장은 꾸준히 성장했다. 300명이 되는 도장으로 성장했다. 300명이 되기까지 절대 순탄하진 않았다. 수많은 문제점 들과 맞서 이겨내야 했다. 직원 관리 및 고객 문제, 컴플레인, 안전사고 등 많은 것들을 감내하며 성장해야 하는 시기는 반드시 필요했다. 만약, 내가 포기했다면, 부정적인 생각과 가치관으로는 일어설 수 없었을 것이다. 이겨내야 한다는 끈기를 갖지 못했다면 지금의 나는 절대 잊지 않았을 것이다. 도장은 내가 다시 일어설 수 있기 위한 공간이기도 하지만, 나 뿐만이 아닌, 직원 또는 고객을 위한 누군가의 삶을 바꾸는 공간이 될 수 있다는 것을 깨달았다.

관장의 한마디

"모든 것은, 다시 시작할 수 있다. 그러나 성공은, 진심으로 다시 시작한 자의 몫입니다."

환경은 바뀔 수 있지만, 지도자의 중심이 흔들려선 안 됩니다. 제로에서 시작하는 건 두렵지만, 제로가 새로운 가능성의 시작이라면 언제든지 다시 도전할 수 있습니다. 그리고 그 도전은 반드시 누군가의 변화로 이어집니다.

코로나19와 도장의 생존 투쟁

"엄마, 나 초등학교 입학해. 입학 선물은 뭐 사줄 거예요?"

쌍둥이 중 막내딸이 해맑게 물어오던 그 봄날, 나는 말없이 고개를 숙였다. 둘째 아이는 중학교에 입학해야 했다. 통장에 남은 잔고는 고작 10만 원. 도장 문은 굳게 닫혔고, 아이들의 수련복의 땀을 머금지 않았다. 태권도장은 멈췄고, 나의 숨도 막히는 것 같았다.

2020년 봄. 전 세계를 휩쓴 코로나19 팬데믹은 태권도장을 가장 먼저 멈추게 했다. 지역 사회의 집단 활동 금지 지침, 초유의 사태에 수련생 부모님들의 걱정, 잇따른 퇴관 통보와 멈춰버린 수업. 도장은 한순간에 조용한 창고가 되었다. 내가 발로 뛰던 매트 위에 먼지가 쌓였다. '기합!' 소리가 울려 퍼지던 도장은 정적만 가득했다. 태권도장만 그런 건 아니었지만, 도장은 언제 다시 열릴지 아무도 말을 해주지 않았다. 어쩌면, 계속 이렇게 닫고 있어야 할지 몰랐다. 두려웠다. 살아야 했다. 나는 더 기다릴 수 없었다. 아이들은 자라고 있었고, 엄마로서 지켜야 할 책임이 있었다.

입학을 앞둔 아이들이 말했다.

"엄마, 입학식은 하는 거지? 학교에는 가는 거야?"라고 아이들이 물었다. 입학을 앞둔 아이들에게는 새 가방과 새 학용품이 필요했다. 태권도장의 시스템은 선 결제된 수련비로 직원들의 인건비를 감당하고 도장 운영에 모두 쓰였으며 생활비로도 충당해야 했다. 하지만, 수련비는 들어오지 않았다. 나는 눈물을 삼키며 일할 곳을 찾았다. 코로나 직전에 제자들이 찾아와 아르바이트 이야기를 했었다. 그 이야기가 떠올랐다. 온라인으로 지원할 수 있는 이곳저곳을 찾아보고 이력서를 냈다. 그리고 다음 날 새벽, C물류센터에서 연락이 왔다. 많은 일자리 지원자들이 물류센터로 몰렸고 나는 모자를 푹 눌러쓰고 마스크를 쓴 채 물류센터 안으로 입장했다. '누가 알아보면 어떡하지?!'라는 마음, '태권도를 지도했던 관장이?' 코로나로 인해 뜻하지 못한 곳에서의 도전은 왠지 두려웠다. 그렇게 편치 않은 마음으로 신입사원 교육을 기다리고 있었다. 그런데, 대기 장소에서 50대~60대로 보이는 아주머니와 20대의 딸로 보이는 모녀가 눈에 띄었다. 또한, 나이가 지긋해 보이는 어르신들도 눈에 띄었다. 코로나 팬데믹이 남녀노소 그리고 나이를 막론하고 어디든지 일할 곳을 찾게 했다.

'어! 저렇게 살겠다고들 왔는데 나도 당당하자!'라는 속으로 내 마음을 굳게 잡았다. 그리고 '그래?! 한 번도 도전해보지 못한 일을, 배운다는 생각으로 이왕 할 거, 즐기면서 도전하자!'라고 마음먹었다. 그리고 신입사원 오리엔테이션을 마치고 바로 일터로 향했다. 내가 배정받은 곳은 HUB 직으로 상품을 분류하는 일이었다. 오전 8시부터 12시까지 꼬박 서서 분류하고 12시부터 1시까지 점심시간 그리고 다시 5시까지 쉴 틈 없이 몰두해야 했다. 포장지에 표기되어있는 코드 번호를 확인해서 지역을 분류해야 했다. 물건은 쉴 틈 없이 도르래를 타고 내려왔다. 조금이라도 쉬면 상품이 산더미처럼 쌓였다. 어느새 이마에는 땀이 송골송골 맺혔고 시간 가는 줄 모르고 집중했다.

물류센터 퇴근 후 오후에는 도장 상황을 점검하고, 야간 11시 이후에는 다시 야간 조로 배송업무에 지원했다. 하루 평균 수면시간 3~4시간. 가족들에게는 알리지 않았다. 많은 걱정과 염려가 나를 더욱 힘들게 할 것 같았다. 조용히 내가 할 수 있는 일에 집중해서 다시 일으켜야 했다. 체력적으로 한계였지만, 정신은 날카롭게 살아 있었다. 왜냐하면 나는 살아야 했고, 살아남아야 했기 때문이었다. 다시 도장이 문을 열 수 있는 시기까지 나는 물류와 배송을 계속 이어나갔다. 조금 익숙해졌을 무렵 모르는 번호의 전화가 왔다.

"조민정 씨 되시나요? C물류 00지점 000팀장입니다."

뜻밖에도 정직원 제안이 들어왔다. 한편으로는 감사했다. 하지만, 나는 나의 본업이 있었기에 다시 복귀할 거라며 정중하게 사양했다. 매우 아쉬워하는 목소리가 귓가에 맴돌았다. 스스로 칭찬했다. '잘했다. 조민정' 깨달은 것이 있다.

나의 일이 아니라고 해서 성의 없거나 무책임해서는 안 된다는 것이다. 스스로에게 당당하도록 책임감과 성실함을 갖는다면 어디에서든 기회가 올 수 있다는 것을 나는 체험했다. 셧다운이 된 지 2주 만에 소상공인들에게 문을 열어도 된다는 희소식이 왔다. 하지만, 아직 언제 이 코로나 상황이 잠잠해질지 모르기에 퇴관 소식은 계속 이어졌고 도장이 문을 연다고 해도 출석 인원은 고작 30여 명에 불과했다.

"사범님! 도장의 수련 모습이 보이도록 실시간 LIVE에 도전해봐요."

사범님들도 도장에 복귀했다. 대신에 우리는 머리를 맞대었다. 분명히 부모님들은 현재, 도장에서 거리두기를 어떻게 하며 안전하게 수련을 하고 있는지 궁금해 할 것이 당연했다. 수련장의 모습을 실시간으로 보여드리자는 제안을 했다. 다행히도 사범님들 모두가 동의했다. 가정에서도 함께 보며 간접으로나마 참여하자는 의미에 라이브를 매일 매 타임 열어 보였다. 또한, 태권체조를 만들어 가정에서 가족들이 함께 참여할 수 있는 미션을 보였다. 여러 가정이 동참했고 적극적으로 참여해 주는 가정에 감동받으며 힘을 냈다. 점차 도장에 제자들이 다시 복귀했다. 그러다가도 한 명이라도 코로나 증상이 나타나면 다시 문을 닫아야 했고 그 상황들은 반복되었다. 그렇게 하루하루를 버티며 나는 동시에 새로운 도약의 틈을 찾고 있었다.

"이대로 기다리기만 할 수 없다."

나는 도장에서 아이들에게 해왔던 수업 방식을 온라인 수업으로 전환하기 시작했다. 줌^{Zoom}, 유튜브, 인스타 라이브… 사용법도 낯설었지만, 아이들의 눈빛과 열정을 다시 보고 싶었다. 노트북을 연결해 온라인 수업을 시작했다. 온라인 수업 도구로는 쉽게 다가갈 수 있는 온라인 줌^{Zoom}을 선택하였다. 사용법에 대해 공부했다. 수련계획을 구성하고 순서지를 노트북 화면 밑에 붙였다. 나는 장기적인 수련 계획을 구성하였다. 코로나 상황은 단기로 끝날 것 같지 않았다. 단발성에 이벤트성이 아닌, 승급의 과정으로 연계되도록 구성하고 참여를 유도했다. 매 타임 초급자. 중급자. 상급자. 시범단 별로 수련 시간을 구성하여 참여하게 했다. 가정에서 함께 사용할 수 있는 수련 도구들을 가지고 응용했다. 의자. 종

이컵. 노트 등 가정에서도 쉽게 준비가 가능한 도구들이 수련에 응용되었다. 아이들이 북적이던 수련장이 이제는 가정과 도장 모두 '온라인 도장'이 되었다.

 온라인 수련을 통해 가정에서 지켜보시는 부모님 또한, 간접적으로 함께 수련생이 되어 듣고, 보고, 따라 하며 참여했다. 나는 더욱 화면에 보이는 내 모습에 유의했다. 지도하는 코칭 언어의 선택과 억양 그리고 정확한 전달력에 신경을 썼다. 잘 따라 하기 쉽도록 난이도를 최대한 어렵지 않게 구성하여 지도했다. 가정에서 지도자의 모습이 최대한 잘 보이도록 앞으로, 뒤로, 옆으로 다방향으로 시범을 보이며 따라 할 수 있게 지도했다. 효과와 반응은 점점 좋아졌다. 수련 효과의 기대도 점점 높아졌다. 온라인으로 참여하는 제자들이 한 명, 두 명, 다섯 명… 점점 늘어갔다. 하지만, 아직 사람이 많은 곳에 오는 것을 두려워하는 제자들이 있었다. 나는 고민했다.

 '그래! 내가 찾아가자!'

 나는 전국 최초로 방문 수업을 시도했다. '가정에서 과외를 하는데 태권도라고 못할 것이 있나?'라는 생각이 스쳤다.

'전국 최초, 방문 수업!'

방문 수업 신청을 받았다. 거실 정도의 공간이 필요했고, 가정에서 배울 수 있도록 순서지와 교육과정 교재를 만들었다. 가정에서 할 수 있는 수련 도구를 지참했다. 신청 가정에서 1명 또는 2~3명이 모여 신청하기도 했다. 한 가정에서 40분을 수업하고 20분을 이동하며 하루에 5가정을 돌며 수업을 진행했다. 가정에서 수련할 수 있도록 초대해 주신 부모님도 대단하지만, 하고자 하는 의지로 관장님을 만나고 싶어 하는 제자들도 너무 대견했다. 내게는 그 과정들이 너무 큰 힘이 되었다. 가정이기에 부모님들도 있고 형제자매들도 있으니 나의 행동 언어에 더욱 신중했다. 최대 40분이지만 2시간 이상의 효과를 위해 최선을 다했다.

방문 수업은 2회차로 수련 과정을 지정하고 승급심사 전까지 수련 횟수를 채워 심사에 응시하게 했다. 반응은 뜨거웠다. 아이들은 도장에서 관장님을 특별하게 만난다고 생각하니 더 신이 났다. 나는 태권도 역사상 최초로, 방문 수업으로 아이들의 기합 소리를 끌어낸 관장이 되었다.

사실 나는 누군가의 웃음과 행복을 지키기 위해 버틴 사람이었다. 생존이 곧 사명이 되었다. 나는 안다. 그때 물류센터에서 일하며 땀이 아닌 눈물로 얼룩진 날이 얼마나 많았는지. 하지만 나는 살기 위해 시작했던 발걸음이 결국 누군가의 삶을 밝히는 길이 되었다는 것을 알게 되었다. 도장은 그 위기를 이겨내고 다시 수련생들의 기합 소리로 가득 찼다. 온라인 수업은 하나의 프로그램이 되었고, 지금까지 6년째 라이브 심사과정까지 이어졌다. 방문 수업을 받던 아이들은 도장의 주축이 되었다.

나는 오늘도 말한다.
"태권도는 포기하지 않는 사람의 무기다."
"그리고 나는 그 무기를, 다시 손에 쥐었다."

관장의 한마디

"도장은 사라질 수 있어도, 정신은 무너지지 않는다."

안되는 것을 찾기보다는, '될 수 있다'라는 믿음으로 나아가길 바랍니다. 살기 위해 시작한 걸음이 누군가에게는 다시 일어설 힘이 됩니다. 두려움이 앞설 땐, 가만히 있지 말고 한 걸음 내디뎌 보세요. 그 걸음이 당신을 살릴 뿐 아니라 누군가의 삶을 다시 세워줄 겁니다.

"협력하여 선을 이루라": 팀워크로 이겨낸 위기

"관장님, 관장님은 관장님이 생각하시는 것보다 훨씬 강한 분이세요."

그 말은 코로나19 팬데믹이라는 전례 없는 혼란 속에서 나를 버티게 해준 가장 따뜻하고 강력한 말이었다. 2020년. 세상이 멈췄고, 도장이 멈췄고, 아이들의 기합 소리도 멈췄다. 하지만 우리 도장의 팀워크, 서로를 믿는 신뢰와 협력은 멈추지 않았다.

전국의 학교가 개학을 연기하고, 태권도장 역시 문을 닫으라는 권고가 떨어졌다. 정부의 방역지침은 타당했고, 감염

확산을 막기 위한 결정이었다. 하지만 태권도장을 운영하는 현실은 그 어떤 지원 없이, 그저 '참아야 하는 일'이 되었다. 월 수련비로 운영되는 도장, 그 안에서 일하는 사범님들의 급여, 매달 고정으로 나가는 임대료, 보험, 공과금…

모두가 일순간에 멈췄다. 그때 나는 스스로에게 물었다.

"내 도장은, 내가 지킬 수 있을까?"
"교육자로서, 나는 어떤 태권도장이었는가?"

내가 아이들에게 전하고 싶었던 태권도는, 단순한 신체활동이 아니었다. 도복을 입는 태도, 인사하는 예의, 함께 구령을 외치며 움직이는 협동심, 아파도 포기하지 않는 끈기, 정신과 인성, 그리고 수련이라는 갈고 닦음. 그것이 내가 생각하는 태권도의 본질이었다. 나는 그동안 이 정신을 지키며 수련생들을 지도해 왔는가? 이번 위기를 통해 스스로 되물었다.

도장을 잠정 휴관하던 시기, 사범님들의 급여는 이미 나갔고, 들어올 수련비는 끊겼다. 나는 조용히, 도장밴드에 우리의 상황을 부모님들께 공유했다. 단지, 도움을 구하기 위해서가 아니었다. 지도자로서 지금까지 어떻게 아이들을 대했는지, 내가 어떤 교육적 책임으로 도장을 운영해왔는지 솔직하게 전하고 싶었다. 놀라운 일이 일어났다. 많은, 부모님들께서 글을 남겨주셨다.

"조민정 관장님의 장문의 게시글을 보면서 많은 생각이 들었어요. 다들 보이지 않는 장벽으로 힘든 시간을 보내고 계실 듯해요."

-ㅇㅇ 아버님

"늘 감사했던 마음, 지금은 조금이라도 표현해야 할 때인 것 같아 3개월 선납합니다. 진심으로 응원해요!"

-ㅇㅇ 어머님

"관장님 힘내세요!
도장에 아이들 소리가 다시 꽉~ 찰 거예요.
곧, 기합 소리 쏟아지며 씩씩하게 뵙겠습니다!!"

-ㅇㅇ 어머님

"사범님들, 아이들, 부모님 모두 한 팀이니까요.

우리 함께 힘내요!"

- ㅇㅇ 어머님

"관장님, 우리도 같이 버텨요."
"다음 달 수련비 미리 보낼게요."
"한꺼번에 3개월 치 6개월 치 보낼게요."

라는 응원의 메시지와 함께 수련비를 선납해주셨다. 그건 기적이었다. 그건 신뢰였다. 그건 진심의 결과였다.

가장 마음이 어려웠던 건 사범님들에게 권고사직을 부탁해야 했을 때였다.

"정말 죄송해요. 이 상황을 이겨내려면..."

그런데 돌아온 대답은 오히려 나를 위로하는 말이었다.

"관장님, 괜찮아요. 저희 걱정 마세요. 좋아질 거예요."

그중에는 하얀 띠 제자부터 시작한 학부모인 맘스 사범님이 있었다.

"급여 없어도 괜찮아요. 하나보다는 둘이 낫잖아요. 같이 있어 드릴게요."

그 말에, 나는 말없이 고개를 끄덕였다. 함께해주는 누군가가 있다는 것, 그 존재만으로도 도장은 이미 무너지지 않은 것이나 다름없었다. 어쩌면 그때의 그 마음이 내게는 다시 일어설 수 있었던 큰 힘이 되었다. 지금도 함께 계신 맘스 사범님은 진정 내게 잊을 수 없는 평생 은인과도 같은 든든한 사범님이 되었다.

그렇게 다시 도장을 열며 사범님과 함께 방법을 고민했다. 매 수업, 시간마다 실시간 라이브 중계, 거리두기 수련, 도장 방역 수칙 투명하게 공개, 가정 연계 미션, 온라인 품새 수업, 가족 태권체조 영상 그리고 제자들에게 보낼 편지까지 직접 썼다. 지도진, 학부모, 제자. 우리는 서로를 격려했고, 믿었고, 응원했다.

"관장님 팬이 많습니다!"

라는 말에 나는 눈물이 날 뻔했다. 그 '팬'이라는 '말' 속에 담긴 사랑과 신뢰를 나는 알기 때문이다.

도장 가족인 학부모 그리고 사범님과 함께하면서 느낀 것이 있다. 진짜 팀워크란, 서로를 일으키는 일, 팀워크란 단지 함께 있는 게 아니다. 같은 방향을 바라보며, 서로를 일으켜 세우는 힘이다. 그 힘이 없었다면 나는 이 위기를 절대 견뎌내지 못했을 것이다. 아이들이 도장을 '다시 오고 싶어 하는 공간'으로 느끼게 만들었던 시간들, 학부모님들이 "우리 아이는 관장님을 믿어요"라고 말해 주었던 순간들, 사범님이 '하나보다는 둘이 낫다'라며 함께 문을 열었던 아침들…그 모두가 '팀워크'라는 글자의 힘 아래 모여, 도장을 살려낸 기적의 퍼즐이 되었다.

관장의 한마디

"하나는 약하다. 그러나 함께하면 다시 일어설 수 있다."

태권도라는 도장은 결국 '사람'이 만듭니다. 관장 한 명의 힘만으로는 부족하답니다. 지도자, 제자, 학부모…모두가 같은 방향을 바라보고, 서로를 믿고, 도장을 믿을 때 그 도장은 어떤 위기에도 다시 일어설 수 있습니다.

'협력하여 선을 이루라.' 그 말은 단순한 협동을 말하는 것이 아닌, 함께 '옳은 방향으로 나아갈 용기'를 말하는 것입니다.

Part 4

관장의 도리

부지런함: 태권도장 성공의 제1원칙

"하루의 시작이 나보다 빠른 사람이 있다면, 나는 그 사람보다 더 부지런해져야 한다."

나는 늘 그렇게 생각했다.

도장을 운영하면서 가장 먼저 다짐한 것은 "누구보다 먼저 출근하고, 가장 늦게 퇴근하자!"라는 다짐이었다. 태권도장을 경영하는 사람으로서 나는 도장의 주인이기 전에 수련생의 본보기가 되어야 한다고 믿었다. 지도자는 말로 가르치기보다, 행동으로 보여주는 사람이기 때문이다.

도장의 하루는 관장의 루틴에서 시작된다. 도장의 흐름은 도장의 주체인 나의 리듬에 따라서 흘러간다는 것을 나는 안다. 내가 피곤해서 10분 늦게 열면, 도장의 공기가 흐트러진다. 내가 여유 없이 준비하면, 아이들의 집중력도 산만해진다. 그래서 나는 도장에 가장 먼저 도착한다. 사범님들보다 먼저 도착해서 매트를 닦고, 대걸레를 돌리며 아이들이 맨발로 딛는 바닥을 정돈한다. 수련장에 가볍게 음악을 틀고, 하루 수업 동선을 머릿속으로 점검한다.

그리고 조용히 매일 아침 기도한다. 오늘의 안전과 평안을 위해서 말이다. 또한, 자신에게 말을 건넨다.

"오늘 하루도 최선을 다하자."

이 부지런함은 단순한 근면함이 아니다.

"누구보다 먼저 준비하자"

라는 마인드의 차이다. 그 마음이 도장의 분위기를 만들고, 지도자와 아이들의 태도에도 스며든다.

매일 아침 나 자신을 다잡고 점검했다. 오전 수련이 없는 날에는 쉬지 않고 옥상으로 올라갔다. 그리고 스트레칭과 줄넘기로 몸을 풀고 발차기와 품새 그리고 '쉐도우 복싱' 동작을 연습하며 나를 단련했다. 도장의 옥상은 아파트와 주변 상가의 높은 층에서 내려 보이는 구조였다. 누가 보던지 나는 나만의 공간이라고 생각했다. 그리고 열심히 땀을 흘리며 나를 다스리는 시간으로 훈련했다. 40분가량 그렇게 땀에 젖고 나면 상쾌한 마음으로 제자들을 맞이할 준비를 했다.

 도장 성장을 위해 고민한 것이 있다. '남들이 안 하는 것을 먼저 해야 한다'라는 마음이 내게는 늘 간절했다. 나는 늘 '도전'이라는 이름으로 부지런했다. 코로나 시기 도장을 일으켜야 할 때 나는 멈추지 않았다. 변화하는 트렌드에 맞추어 매일 공부했다. 그리고 공부한 것을 도장 시범단원들에게 적용했다. 블로그 글쓰기, 메타버스 교육, 온라인 SNS 도구 활용 교육, 새벽 독서를 전국 도장 최초로 시도했다. 지금도 나는 멈추지 않고 도장 제자들의 성장을 위해 교육하고 적용하고 있다. 즉, 그것이 도장 성장의 무기가 되기 때문이다.

 평일에는 도장 교육과정에 집중했고, 주말이면 자기 계발을 위해 교육 정보를 찾았다. 서울이건 지방이건 도장 교육에 접목될 수 있는 교육을 찾아다녔다. 무작정 다니지 않았다. 1년의 수련계획을 잡고 분기별 교육과정을 정하면서 채워야 할 것들을 배워나갔다. 줄넘기, 태권체조, 검도, 킥복싱, 복싱, 합기도… 접목해야 하는 것도 필요했지만, 타 무술에 대한 장·단점 또한 알고 대처 할 수 있는 방안을 모색했다.

타 도장에서 온라인 수업을 이벤트성으로 시도할 때, 온라인 줌 수업을 장기적인 교육 과정으로 시작했고, 방문 수업이 '과연 되겠어?' 하는 시기에, 나는 가방을 메고 수련 도구를 챙겨 아이들 집을 찾아갔다. 작은 첫 도장에서는 주변 도장이 그대로 시간을 운영할 때, 나는 공교육 기관의 수련 도입 시간을 조사하여 45분 수업제를 도입해 하루 13타임을 시도했다.

도장 마감 후 청소와 서류 정리를 마친 뒤에도 나는 부모님들에게 상담 메시지를 남기고, 다음 주 커리큘럼을 노트에 정리했다. 또한, 바쁜 일상 속에서 상담이 부담스러운 부모님들을 배려하여 상담 신청을 받아 상담을 실시했다. 지역에서 맘스 태권도 교실을 열지 않을 때 나는 시도했고, 맘스 태권도 활성화로 도장을 성장시켰다. 남들이 하지 않는 것을, 먼저 실행하고, 실천하는 것. 그것이 곧 나의 경쟁력이 되었고, 도장이 특별해질 수 있는 이유가 되었다.

나는 항상 생각했다. 성실함과 부지런함은 선택에서 오고 그 부지런함이 기회를 만들어 준다. 사람들은 가끔 묻는다.

"관장님은 어떻게 이 많은 걸 다 하세요?"

"체력은 괜찮으세요?"

나는 웃으며 대답한다.

"사실은 저도 지쳐요. 하지만, 제가 멈추면 아무도 대신 하지 않잖아요."

그건 책임의 무게이자, 내가 스스로 만든 약속이다. 나는 믿는다. 부지런함은 기회를 만든다. 조금 더 일찍 움직이면 학생 한 명 더 만날 수 있고, 조금 더 늦게 퇴근하면 수련 기록 한 줄 더 남길 수 있다. 그 작은 한 걸음이 도장을 바꾸고, 학부모의 신뢰를 만들고, 나 자신에게 자부심을 남긴다.

나는 항상 빠른 사람이 되고 싶진 않았다. 기본과 교육에 집중했고 천천히 가더라도 오래 기억되는 사람이 되고 싶었다. 대신, 먼저 가는 사람이 되고 싶었다. 남들보다 더 일찍 시작하고, 남들이 아직 생각하지 못한 길을 먼저 가보는 것. 그게 바로 '부지런한 관장'의 길이라고 믿는다. 물론 쉬운 일은 아니다. 첫 타임부터 마지막 타임까지 몸으로 움직이고 기합으로 구령을 넣고 에너지를 쏟아야 하기에 몸이 피곤하다. 때론 허무한 날도 있고, 성장 속도가 더딜 때도 있다. 하지만, 부지런함은 나를 속이지 않는다. 오늘의 땀방울은 반드시 내일의 성과로 이어진다. 그 믿음 하나로, 나는 오늘도 도장을 연다.

관장의 한마디

"부지런함은 재능을 이긴다."

관장은 누구보다 먼저 움직여야 합니다. 준비된 하루는, 도장의 리듬을 바꾸고 지도자의 무게를 단단하게 채워줍니다. 남들이 아직 생각하지 못한 것을 먼저 실행해보세요. 그것이 곧, 도장의 차별화가 될 것입니다.

긍정적 사고: 실패를 성장의 기회로

"성공한 사람들 그들은 수많은 실패를 딛고 포기하지 않는 집념으로 성장을 이뤄낸다."

"어려움을 이겨내는 힘이 곧 성장이다."

제자들에게 매번 외치며 이야기한다.

나는 믿는다. 실패는 끝이 아니라, 다른 문이 열리는 신호라고. 실패는 누구에게나 온다. 하지만 받아들이는 태도는 다르다. 도장이 화재로 위태로웠을 때, 경매로 빼앗길 뻔했던 순간에도 코로나로 제자들이 뿔뿔이 흩어졌을 때도, 나는 매번 무너질 수 있었다. 하지만 나는 선택했다.

"이 상황 속에서도 할 수 있는 것을 찾자."

실패가 왔을 때, 나는 두려워하거나 회피하지 않았다.
어려움이 닥치면 때로는 낙심과 우울감이 오기도 한다. 그저 한숨을 쉬고, 눈물을 흘리고, 그리고 다시 눈을 뜨고 "이제 무엇을 해야 할까?" 긍정은 태생적으로 밝은 성격이 아니라, '생존을 위한 태도'였다. 어려움이 왔을 때 때로는 하늘을 원망하고 나의 상황을 원망했다. 하지만, '분명히 길이 있을 거다'라는 긍정의 생각을 놓지 않았다.

도장이 성장하고 있을 즈음 도장 성장을 방해하는 요인들은 주변에 수없이 즐비하다. 온갖 시기와 질투는 감내해야 하는 과정이다. 또한, 주변 상가로 경쟁 도장들이 입점하고 고객인 학부모와 자녀들은 선택의 기로에 서서, 어느 곳을 선택할 것인지 고민한다. 종목이 달라도 태권도. 검도. 유도. 합기도. 특공무술… 모두가 도장이라는 종목으로 무도의 특성을 가지고 제자들을 양성한다. 하지만, 고객들은 잘 모른다. 종목이 다를 뿐 신체 훈련을 위한 기관이라고 생각하고 즐거움과 재미를 찾아서 등록한다. 때로는 부모의 경험이 자녀의 도장 선택 기준을 명확하게 제시하기도 한다. 선택은 자유이지만 기회이기도 하다.

어느 날 근거리 상가 건물에 특공무술, 태권도, 줄넘기 학원이 입점하였다. 도장 선택의 다양성이 생기고 도장의 위기감이 밀려오는 것 같았다. 나는 우리 도장의 경쟁력이 무엇인지를 찾아야 했다. 도장에는 일반부 수련생들 그리고 맘스 태권도 교실, 시범단원들이 있었다. 고민했다.

'단기간에 빠른 성과를 보여줄 수 있는 것이 무엇일까?'

내가 하루도 빠지지 않고 자기 계발을 위해 노력했던 과정들을 되짚어 보았다. 승패가 바로 결정지어 보여지는 링 경기 종목을 선택했다. 실전 태권도의 과정으로 지도하려고 배웠던 복싱과 킥복싱을 떠올렸다. 그리고 저녁 실전 태권도반을 만들어 20여 명의 수련생들이 수련을 시작했다.

태권도의 발은 강력한 무기이다. 손기술에 집중한 기술을 접목해 경기에 출전한다면 승산이 있을 거라고 자신했다. 시작한 지 3개월 즈음 서울에서 무에타이 킥복싱 대회가 열렸다. 체급에 따라서 1번의 경기로 승패가 결정되었다. 10명의 선수가 출전했다. 초등부부터 고등부까지 출전했다. 출전한 도장들은 무에타이 킥복싱 전문 도장 선수들이었다.

  큰 기대는 하지 않았다. 웬일인가, 10명 중 7명이 경기를 주도하며 승리를 얻었다. 그리고 유일한 태권도장 출전이었지만, 타 도장을 앞서 '종합우승'을 거머쥐었다. 매우 놀라웠다. 그리고 최선을 다해준 제자들에게 너무나도 고맙고 눈물이 났다. 나는 '할 수 있다! 된다!'라는 말을 자주 외치며 도전을 두려워하지 않았다. 그 결과 태권도 실전 반은 더욱 부흥했고 도장은 일반부, 성인부 모두 흔들리지 않았다.

  '안 되는 이유'보다 '가능한 방법'을 찾았다. 코로나19 팬데믹 당시, 통장에는 10만 원, 입학하는 아이들에게 선물조차 사줄 수 없던 그 날. 나는 물류센터에 갔다. 부끄러웠지만, 당당했다. 태권도 관장이 물류 일을 하는 모습이 상상되지 않았지만, 그 일을 하며 나는 '다시 일어날 준비'를 하고 있었다. 그리고 생각했다.

'이 상황에서도 내가 할 수 있는 일은 무엇인가?'

안되는 이유와 상황을 고민하기보다 어떻게 하면 이 상황을 이겨내고 돌파를 찾을 수 있을까를 고민했다. 펜데믹 전의 상황가는 다른 나의 일상과 패턴을 생각했다. '해보지 않았던 나의 루틴을 만들어보자!'

첫째, 새벽 기상을 시작했다. 오후 수업의 시작으로 늦장을 부리고 오전 시간을 제대로 활용하지 못했었다. 새벽 기상을 통해 시간을 알차게 쓰자고 다짐했다.

둘째, 필사를 시작했다. 나를 다스리고 훈련하는 내면의 채움이 뭘까를 고민했다. 반듯한 글씨 연습이 나의 내면을 반듯하게 정돈해줬다.

셋째, 독서를 시작했다. 바쁘다는 핑계로 독서를 하지 않았다. 지혜를 얻고자 독서를 시작했다. 현재 상황에서 가장 현명한 지혜와 흐름을 알 수 있는 건 독서였다.

이렇게 나는 팬데믹 상황에서 부정이 아닌, 긍정을 찾아 매일 매일을 실천했다. 그 꾸준함과 끈기가 내면의 나를 세워주었고 새로운 시도와 기회를 갖게 되었다. 전국 최초 방문 수업, 온라인 수업, 온라인 강의 실천이 증명해 주었다. 그리고 부모님들과의 관계를 다시 세웠다. 그것이 '긍정'이었다. 포기하지 않는 믿음, 다른 방법을 찾는 용기. 실패는 나를 더 단단하게 만들었다.

수련생이 0명으로 시작했던 두 번째 도장에서 나는 하루하루 간절하게 버텼다. 첫 도장에서 3개월 동안 단 한 명도 입관하지 않았을 때, 나는 스스로에게 물었다.

"나는 오늘도 아이들을 만날 준비가 되어 있는가?"
"내 자세는 흐트러지지 않았는가?"

그리고 어느 날, 한 명이 찾아왔다. 그리고 두 명, 세 명… 20명인 첫 도장에서 200명이 되었다. 두 번째 도장에서는 1개월 만에 60명, 결국 300명이 되었다. 실패는 나를 더 예리하게 만들었다. 고개 숙이는 시간을 줄이고, 눈을 뜨는 시간을 앞당겼다.

긍정이라는 메시지를 나에게 심어줄 수 있었던 것은 희망을 세우는 말버릇에서 시작된다. 나는 일부러 나 자신에게 이런 말을 걸었다.

"괜찮아, 아직 기회가 있어."
"다음엔 더 잘할 수 있어."
"이 또한 지나갈 거야."
"내가 나를 믿어줘야 해."

긍정은 거짓말이 아니라, 내가 현실을 뚫고 나가기 위한 '마음의 무기'였다. 사범님들에게도, 아이들에게도, 심지어 퇴관을 선택하는 학부모님께도 나는 따뜻한 말, 희망이 담긴 말을 전하려고 했다. 왜냐하면 지도자가 무너지면, 도장 전체가 무너진다는 걸 나는 너무 잘 알고 있기 때문이다.

긍정은 연습이다. 나는 긍정적인 사람이 아니었다. 하지만 '긍정적으로 생각하려는 연습'을 했다. 힘든 상황에서도, 힘든 이유보단 해결 방법을 먼저 떠올리는 연습, 속상한 일이 있어도, 좋았던 순간을 떠올리며 잠드는 습관, 실패했을 때, "아직 덜 배운 거야"라고 말하는 훈련, "그럴 수도 있지"라며 그렇게 하루하루 마음을 단련했다. 그래서 나는 버틸 수 있었다. 그래서 지금까지 도장을 지킬 수 있었다.

관장의 한마디

"실패는 끝이 아니라, 성장을 위한 쉼표이다."

실패했을 때 주저앉는 사람과 그 자리에서 다시 일어나는 사람의 차이는 '성격'이 아니라 '태도'입니다. 긍정은 연습입니다. 말 한마디, 생각 하나부터 바꾸는 연습. 그 연습이 당신을 다시 일으켜 세울 것입니다. 나 자신이 말하고 생각하는 대로 이뤄진다는 것을 잊지 마세요.

겸손과 배움의 자세: 시대 변화에 적응하는 법

겸손이라는 것은 무엇인가.

'남을 존중하고 자기를 내세우지 않는 태도를 갖춘 사람'을 말한다. 속담에도 겸손을 의미하는 것이 있다. '익은 벼가 고개를 숙인다.'라는 우리 속담은 겸손을 나타내는 대표적인 예시이다. 벼는 익을수록 고개를 숙이듯 지식이 뛰어나고 훌륭한 사람일수록 겸손하고 남 앞에서 자기를 내세우지 않는다는 말이다. 우리는 태어나면서부터 어른이 되기까지 끊임없이 배우고 성장해야 한다. 어쩌면, 인간이 태어나서 생을 사는 동안 반드시 해야 하는 과정이다.

제자들을 가르치는 지도자로서, 도장을 운영하는 경영자로서 끊임없이 배워야 한다. 가정에서는 남편 또는 아내로서, 부모로서, 자녀로서 어느 자리에서나 자신의 역할에 따라 배움은 끝이 없다.

나는 태권도를 시작한 지 38년이 되었고, 지도자 생활도 24년이 되었다. 도장을 세우고 운영하며 제자들을 지도한 시간도 결코, 짧지 않다. 그런데도 나는 늘 '내가 더 배워야 한다.'라는 마음을 놓지 않으려 애쓴다. 왜냐하면 세상은 변하고, 사람도, 아이들도, 부모님들도 계속 달라지기 때문이다. 그리고 사람마다, 각자가 가진 역량의 강점과 장점은 누구나 있기 마련이다. 그렇기에 누구를 만나든지 그들이 가지고 있는 것들의 좋은 점을 배울 줄 알아야 한다. 내 것만이 맞아야 한다고만 하는 것이 아닌, 타인의 좋은 점들을 통해 자신이 보지 못하고 느끼지 못하던 생각과 감정들을 배울 수 있어야 한다.

사범이라는 직종의 업은 수많은 학부모와 제자들을 마주하며 관계를 쌓아간다. 지도자 생활 24년이라는 기간 동안 나는 5,000여 명 이상의 제자들과 학부모를 만났다. 더불어 지도자들의 커뮤니티나 직원으로 함께하는 관계 안에서도 만남은 존재한다. 그래서일지 몰라도, 만나는 사람의 첫인상과 사용하는 언어 그리고 행동을 보면서 태도를 읽어내고, 상대방의 성향과 기질을 빠르게 알아차리는 보는 눈이 생겼다. 그래서인지, 우리 도장에 오는 사범님들을 보면서 그들이 가진 강점과 역량을 최대한 살핀다. 그리고 그 역량을 도장 제자들에게 잘 전할 수 있도록 나는 지원한다.

그들이 가진 특기를 도장 환경에 잘 적용할 수 있도록 교육 프로그램을 구성한다. 그리고 주도적으로 이끌어 갈 수 있도록 격려한다. 즉, 사범님의 성장에 더욱 도모할 수 있도록 돕는 것이다. 나는 이 과정이 대표인 도장 경영자의 마땅한 역할이라고 생각한다. 사범님의 성장이 곧, 도장 성장으로 연결되기 때문이다. 또한, 사범님에 대한 존중과 배려라는 나의 철학과도 같다. 관장인 대표가 모든 것을 다 아우르고 주도할 수도 있지만, 도장 성장은 혼자가 아닌, '함께' 그리고 '경영'이라는 공동의 목표를 가지고 나가야 하는 의미가 있기에 매우 중요하다.

지도자 생활을 하면서 예상치 못하는 사례와 상황들을 너무 많이 마주한다. 가르치고 있는 아이들의 정서적, 신체적 다양성, 함께 지도하는 사범들의 가치관과 가르치는 방식,

도장에 자녀를 위해 요구하는 학부모들의 바람들 그리고 컴플레인 등의 많은 상황들은 매번 깨달음을 준다.

예를 들어

- 주말 행사를 진행하면서 합숙을 한 적이 있다. 1박 2일의 과정이었기에 도장 안에서 조별로 나눠 텐트에서 잠을 청하고, 다음날 일정까지 잘 마무리가 되었다. 한 학부모가 모기에 너무 많이 물려 왔다며 어떻게 아이를 관리한 거냐며 컴플레인이 들어왔고, 그날 이후 나는 깨달았다. 아무리 아이들에게 좋은 교육의 과정으로 잘 해줘도 당신의 아이가 조금이라도 피해를 받는 것 같으면 그동안 쌓았던 과정들은 무시당할 수밖에 없다는 것

- 도장에는 시범단이 운영되고 있었다. 근거리 건물에 특공무술, 태권도, 줄넘기가 들어서면서 나는 내심 도장 운영에 압박을 받고 있었다. 경쟁력 있는 승부수를 위해 실전 태권도반을 만들었고 개설 3개월 만에 대회에 출전하여 종합우승을 이뤄내며 도장 운영에 흔들림을 막고 더욱 활성화에 선전했다. 하지만, 그 과정에 시기 질투를 느낀 학부모 8명이 몰려와 컴플레인을 했던 시기가 있

었다. 결국, 나는 그들 앞에서 왜 그랬어야 했는지 침착하게 설명했고 그 학부모들은 죄송한 마음을 전했지만, 내게는 매우 큰 트라우마로 기억되었다.

• 매니저로 일하던 직원이 어느 날 국내에 몇 개밖에 없는 미니 가방을 도장에 가져왔댄다. 도장에서 없어졌다며 경찰서에 직원들 모두를 신고했다. 그리고 경찰서에 출석하여 거짓말 탐문 조사까지 받은 사례

• 사범이 면접을 왔다. 수습 기간 1개월을 거치고 정식 채용 여부를 결정하겠다고 서로가 협의했다. 하지만, 1개월이 되었을 때 노동청에서 전화가 왔다. 근로계약서 미작성으로 신고가 되었단다. 또한, 근무 중에 교육과정에 대해 스스로 고민하고 계획한 내용을 내게 말해달라고 제안했었다. 그 고민의 시간은 크게 길지 않아도 된다. 하지만, 근무 외 시간으로 본인이 그 계획을 위해 가정에서 3시간을 연구했으니 추가 수당을 요구했다.

• 사범의 장난으로 시작된 발길질이 CCTV에서 폭력적으로 보이면서, 컴플레인으로 경찰서에 신고가 될 뻔한 사례

- 도장 차량에 관심이 많은, 외부인들의 끊임 없는 컴플레인 전화. '끼어들었어요', '갑자기 멈췄어요', '차 안에서 아이가 뒤를 돌아봐요', '제가 가는 길을 막아서 기분이 나빠요'. '주황 신호등에 차가 지나갔어요'… 끊임없는 관심으로 인해 수련 도중에 받아야 하는 불편한 전화들

- 사범의 전날 숙취로 인해 무단결근하여 수업에 지장을 초래한 사례

- 당신의 자녀보다 체격이 좋은 아이와 겨루기 훈련을 시켰다며 항의를 받은 사례

수많은 사례들은 당시에 당혹감과 아픔을 주었다. 하지만, 그 과정들을 통해 나는 깨닫는다. 또 다시 반복되지 않도록 철저한 준비와 대처에 대해서 나는 배웠다. 그리고 상담부터 도장에서 어떻게 가르쳐야 하는지, 오해가 없도록 충분한 설명이 얼마나 필요한지, 안전사고와 직원들의 교육이 얼마나 중요한지 말이다. 나는 더욱 겸손을 배우면서 단단해지는 계기가 되었다.

지도자마다 가르치는 방법과 대처 방법은 각기 다르다. 또한, 가르치던 방식이 어제까지는 효과적이었지만, 오늘은 전혀 통하지 않을 때가 있다. 과거의 성공은 다음 시대에 통하지 않을 수 있다는 걸 나는 안다. 예전엔 단호함이 미덕이었다. 지시와 규율이 중심이었고, 단체의 일사불란함이 중요했다. 물론, 단호함과 규율, 위계질서는 필요하다. 다만, 더욱 심혈을 기울여야 하는 것이 생겼다. '아이의 성향과 감정'을 존중하는 교육, '함께 협력하는 수업', '코칭형 지도'가 중요해졌다.

그래서 나는 다시 책을 펼쳤다. 아동 심리학, 감정코칭, 부모 교육법까지 내 서재에는 자녀들에 대한 심리학 및 신체 발달 관련 책으로 가득 메어졌다. 어쩌면 태권도 지도자와는 거리가 멀다고 여겨질 수 있는 분야였지만 나는 겸손히 배우고 싶었다. 배우지 않으면 도태된다. 분명하다. 겸손하지 않으면 성장할 수 없다.

학부모의 말 한마디에서도 배움을 얻는다. 한 학부모님께서 상담 중 이런 말씀을 하신 적이 있다.

"관장님, 아이가 요즘 감정 표현을 많이 힘들어해요. 태권도 시간에 그 부분을 좀 더 살펴주실 수 있으실까요?"

그 말을 듣고 나는 깊이 반성했다. 단순히 자세와 기술만을 가르치는 것이 아니라 '한 사람의 마음'을 함께 돌봐야 하는 존재가 바로 지도자라는 사실을, 나는 어쩌면 잠시 잊고 있었다. 그날 이후, 수련일지를 다시 점검했고, 수업 전 아이들의 눈을 한 번 더 바라보며 안부를 묻기 시작했다. 어떤 날은 아이가 눈으로 말했다.

"나 오늘 좀 힘들어요."

그걸 알아보는 지도자가 되기 위해, 나는 지금도 계속 배운다.

사범님들에게서도 배운다. 어느 순간부터 나는 내가 더 오래 했다고 해서 항상 옳은 것은 아니라는 걸 알게 됐다. 도장에서 함께하는 사범님들, 나보다 어린 사범님들의 생각, 접근 방식, 감정 조절법, 수업 도구… 그들의 장점을 인정하고 받아들이는 태도, 그것이 곧 도장의 진정한 성장 동력이 되었다. 아이의 이야기를 잘 들어주는 사범님, 작은 변화와 행동의 성장에도 큰 칭찬과 리 액션을 잘해주는 사범님.

과거에는 후배는 선배로부터 배우는 자리고, 선배는 가르치는 자리라고 생각했다. 지금은 생각이 다르다. 누구에게든, 배울 점은 있다. 배움 앞에 위아래가 없다는 것을 깨달았다.

"스승이란, 제자를 통해 깨닫는 존재다."
"일상의 모든 것이 나의 스승이다."

- 다산 정약용

변화가 빠른 시기이다. 어쩌면, 변화가 두려워 현재에 안주하는 사람들도 있다. 하지만, 분명한 것은 변화에 맞서서 어우러지는 힘이 필요하다. 물론, 두려울 수 있다. 그 변화에 용기낼 줄 알아야 한다. 긍정적으로 생각해보아야 한다. 배울 수 있다는 것에 대한 감사한 마음 말이다. 오히려 고마운 일이다. 내가 한 자리에 머무르지 않게 하기 때문이다. 세상은 늘 빠르게 달라진다. 교육 방식, 상담 언어, SNS 소통, 심지어 부모님의 기대치까지도… 그 변화에 내가 불평하거나 외면하기보다 겸손히 배우고, 빠르게 받아들이고, 유연하게 적용할 때 도장은 살아 숨 쉬는 공간이 된다. 아이들은 나를 통해 배운다. 그런데 사실은, 나도 아이들 덕분에, 매일 성장하고 있다.

관장의 한마디

"배움 앞에 나이는 중요하지 않고, 겸손 앞에 경력은 무의미하다."

세상이 변할 때, 지도자는 더욱 낮아져야 합니다. 내가 배움을 멈추는 순간, 도장도 멈추게 됩니다. 겸손은 나를 낮추는 것이 아니라, 더 높이 도약하기 위해 스스로 무게중심을 낮추는 준비입니다. 오늘도 나는 묻습니다.

"나는 오늘 무엇을 새롭게 배웠는가?"
그 질문을 놓지 않는 한, 당신의 도장은 계속 성장할 것입니다.

여성 경영자로서의 리더십과 성장 전략

"여자 관장님이세요?"
"결혼은 하셨어요?"
"자녀는 있나요?"
"혼자 도장을 운영하세요?"
"남자 사범님이 계신가요?"

도장을 처음 시작했을 때 내가 가장 많이 들었던 질문들이다. 겉으로는 웃으며 넘겼지만, 내면에서는 보이지 않는 벽과 싸우는 전쟁이 있었다. 그 벽은 '불신'이기도 했고, '의심'이기도 했고, 때로는 '기대 없음'이라는 차가운 시선이기도

했다. 하지만 나는 흔들리지 않기로 했다. "여성이라서 안 되는 게 아니라, 지금까지 본 적이 없어서 그렇다."라는 생각이 나의 위로와 리더십의 출발점이었다.

나는 '여성이기에 가능할까'라는 의심을 멈추게 하고 싶었다. 첫 번째 중요한 전략은 목소리 즉, 발성 톤에 더욱 집중하며 훈련을 시작했다. 도장에서는 기합이라는 울림을 통해 분위기를 압도하며 질서 정연한 환경을 만들어낸다. 또한, '기선제압(운동 경기나 싸움 따위에서, 상대편의 세력이나 기세 따위를 위력이나 위엄으로 먼저 억눌러서 통제함)'이라는 기(氣)의 표현이 매우 중요시된다.

과거 9세에 태권도장에 입문하고 10세에 첫 승품 심사에 도전하는 날을 다시 회상해 본다. 겨루기 심사에 도전해야 했다. 나의 상대는 여성이 아닌, 남성이었다. 당시 여성 수련자는 매우 드물었기에 남성 수련자와 대련을 해야 했다. 겨루기 주심은 '차렷! 경례!'를 외쳤다. 그리고 떠나갈 듯한 기합 소리가 들렸다. 상대 아이의 '기합 소리'였다. 처음 들어보는 그 힘과 울림에 나는 순간 멈춰 섰다. 그리고 내 마음이 움찔한 느낌을 받았다. 그리고 깨달았다. 대련도 시작하기 전에 상대를 압도하는 힘이 '기합'이며, 그것이 '기선제압(機

先制壓)'이었다.

그 후 나는 기합이 얼마나 중요한지를 깨달았다. 그 이후 나는 나의 목소리 구령과 기합에 더욱 큰 에너지를 사용했다. 도장에서는 마음껏 소리를 내도 큰 소리로 구령을 넣어도 누가 뭐라고 하지 않는다. 오히려 분위기를 적극적으로 이끌며 압도하는 환경을 만들어 준다.

지도자 생활을 시작하면서 선배 사범님의 기합 소리에 귀를 기울였고, 롤 모델이 되는 사범님의 구령 소리를 따라 했다. 구령의 높낮이 그리고 예령과 동령, 일정한 톤의 흐름, 명확하게 들리는 발음, 그리고 구령에 따라서 흐트러짐 없이 움직이는 수련생들의 태도. 나는 그러한 선배 사범님을 관찰하며 스스로 연습에 몰입했다.

도장 경영을 시작하면서도 약해 보이거나 여자이기에 불가능한 한계가 아닌, '할 수 있다.'라는 관점 그리고 세심함과 부드러움 그리고 카리스마를 보여주고 싶었다. 출·퇴근을 하면서 나만의 공간은 운전하는 차량 내부였다. 차량 내부에서는 누구의 눈치를 보지 않아도 되었다. 마음껏 소리 내며 연습을 했다. 객관적으로 듣고 싶어 직접 녹음도 했다. 잘 들리는 발음과 잘 안 들리는 발음을 구별하여 반복 연습했다.

동작과 구령을 맞추어 가며 훈련도 했다.

'하나. 둘. 셋. 넷...'
'전체~ 차렷!', '일어~서!'
'앞으로 가!'
'원위치!'
'정렬!'...

어찌 보면, 군대에서나 할법한 구령이다. 하지만, 도장의 환경을 안정감 있게 만들고, 안전한 환경을 만들어야 했다. 한두 명의 수련생이 아닌, 여러 명의 다양한 기질을 가진 아이들을 이끌고 오와 열을 맞추는 훈련은 매우 중요하다.

가장 중요한 도구로 기합만큼 큰 효과는 없었다. 나는 군대를 다녀오지 않았다. 그래서 군대를 다녀오신 사범님의 소리에 더욱 귀를 기울이며 연습했고 지금까지 나는 지도자의 톤과 절도가 얼마나 중요한지 전하고 있다. 새로 오신 사범님이 계시면 나 스스로가 먼저 솔선수범했고, 따라 하며 배울 수 있도록 이끌었다. 물론, 훌륭한 톤을 가진 사범님도 있다. 나 또한, 그러한 사범님을 만나면 적극 칭찬 하고 사범님의 장점을 배우곤 한다.

  지도자 생활을 하면서 여자라서 더 못한 게 아니라, 여자이기에 가능한 것들이 많았다. 아이들을 세심하게 관찰하고 눈빛 하나로 기분을 알아채고 조금 더 말이 느린 아이에게 다가가 무릎을 맞추고 기다려주는 일, 이건 어쩌면 '엄마'로서의 감각이고 '여성 지도자'만의 섬세함이었다. 수업 후, 아이가 말없이 가방만 싸고 있는 것을 보면 "혹시 오늘 마음이 불편했어?" 먼저 손을 내밀 수 있었던 건 내가 여자이기 때문이었다. 이런 '세심함'은 도장을 따뜻하게 만들었고 아이들과 부모님들에게 '믿고 맡길 수 있는 공간'이 되었다.

> 여성들이 정서적 공감과 타인의 관점을 이해하는 능력에서 일관되게 남성보다 높은 점수를 보인다.
>
>   - Davis의 다차원 공감 척도 자료

  나는 관장이기 전에 '사람'이고 싶었다. 나는 도장 안에서의 나와 가정 안에서의 나, 강연장 위의 나와 아이들 앞에서의 내가 다르지 않기를 바랐다. 카리스마는 소리치지 않아도 느껴지는 것이고, 리더십은 명령이 아니라 신뢰에서 시작되

는 것이라는 걸 나는 스스로 보여주고 싶었다. 그래서 더 많이 소통했고 더 자주 감사했고 더 깊게 경청했다. 그것이 바로 '여성 경영자'로서 내가 선택한 리더십의 방식이었다.

내 리더십의 두 번째 전략은 '실행력'이었다. 여성 지도자에게는 때로 '불안정해 보인다', '감정적일 것 같다'라는 편견이 따랐다. 나는 그 편견을 깰 수 있는 가장 확실한 무기를 알았다.

실행력. 그리고 꾸준함. 하루에 13타임까지 수업을 돌렸고 직접 청소하고, 상담하고, 교육 자료를 만들었다. 한 명의 학부모 상담도 놓치지 않으려 메모장을 들고 다녔다. 프로그램을 개발하고 발표하고 시범단을 양성하며 대회에 출전했다. 전국 태권도장 경진대회에 나가 맘스 태권도 주제로 경진대회 은상을 수상했고, 맘스 제자를 여성 사범으로 길러내어 내 동료로 함께 일한다. "여성이라 약할 거야"라는 인식을 "여성이라 강하고 유연하구나"로 바꾸기까지 나는 한 번도 멈추지 않았다.

맘스 태권도 교실을 열고자 할 때, 제자들과 새벽 독서와 필사를 시작해야 한다고 다짐했을 때, 시범단원들과 꼭! 해외 교류 시범에 도전하겠다고, 다짐했을 때, 작은 도장의 수련 환경을 위해 과감하게 상가 옥상에 컨테이너를 올려 사무실로 만든 일. 만약, 모든 것들이 단순한 다짐으로만 끝났다면 절대 성장하지 못했을 것이다. 다짐은 꼭! 실현되어야 한다는 '실행과 추진력'이 작동할 때 성장할 수 있는 원천이 된다.

무엇인가를 시도하고자 할 때 꼭! 유념해야 하는 것이 있다. 아직 일어나지도 않은 일에 대해서 미리 앞서, 부정적인 생각으로 걱정과 근심이 앞선다면 절대 이뤄낼 수는 없다. 아니, 시도하지도 말라고 하고 싶다. 무엇인가를 다짐하고 목표를 세웠다면, 긍정적인 생각과 방향으로 전진해야 한다. 신중함과 세심함도 필요하다. 비교보다는 지금 목표한 일에 집중하면서 앞으로의 비전을 그려보길 바란다.

하고자 하는 것에 대한 걱정과 근심보다 때로는, 밀어붙이는 불도저와 같은 자신을 마주해보길 바란다. 이 모든 것은 '여성 지도자도 할 수 있다'라는 가능성의 증거다. 이제는 나의 경험을 후배 여성 관장님들에게 희망으로 전해 본다.

관장의 한마디

"여성이라는 이유로 벽을 느낀다면, 그 벽에 문을 만들자."

여성 지도자는 약하지 않습니다. 오히려 더 깊고, 더 길게, 더 유연하게 성장할 수 있는, 가능성의 씨앗을 품고 있습니다. 여성 지도자이기 때문에 할 수 있는 방식으로, 섬세하고 단단한 길을 걸어가세요. 그 길이 곧, 누군가에게는 따라가고 싶은 '롤 모델'이 될 것입니다.

Part 5

태권도, 삶의 올바른 길을 안내하다

교육자로서 태권도 정신을 전하는 진심

"관장님, 그렇게까지 하실 필요는 없지 않나요?"
"교육 사업인데 돈을 먼저 벌어야 하지 않나요?"

나는 가끔 그런 말을 듣는다. 물론, 틀린 말은 아니다. 하지만 그럴 때마다 나는 웃으며 대답한다.

"그래도, 이 길이 맞다고 믿어요. 태권도는 기술만이 아니라 정신을 가르치는 교육이잖아요."

누군가가 내게 질문을 하면 나는 생각한다. 처음 태권도를 시작하게 된 나의 첫 마음, 그리고 내가 지도자의 길을 걷겠다고 다짐했던 첫 마음, 태권도 경영자로서 시작하겠다고 마음먹은 첫 마음을 되새겨 본다. 왜냐하면, 내가 정한 길 그리고 나의 신념을 꺾고 싶지 않기 때문이다. 태권도를 가르친다는 것은 '사람을 만든다'라는 뜻이다.

태권도는 단순한 무술이 아니다. 손과 발을 단련하는 기술 이전에, 몸가짐과 마음가짐을 반듯하게 세우는 일이다. 나는 처음 도장을 열던 그 날부터 지금까지 한 가지 신념을 품고 있다. 누구에게나 나는 말한다. "태권도는 사람을 키워내는 성품을 가르치는 교육이다." 그래서 나는 기술보다 태도를 먼저 가르쳤다. 기합이 작더라도 성실히 내는 자세, 인사를 공손하게 하는 태도, 도복을 정돈하며 마음을 다스리는 습관. 이 모든 것이 태권도이고, 지도자인 내가 보여줘야 할 본질이었다.

전국적으로 태권도 학과 관련 대학에서의 졸업생 배출은 매년 쏟아진다. 전국 태권도학과 관련 대학은 4년제와 2.3년제를 포함 30여 개가 되고, 매년 졸업생들은 25,000여 명이 배출된다. 앞서 졸업한 선배들과 비전공자임에도 불구하고 생활체육지도자 자격을 갖춘다면 누구나 태권도장 운영을 시작할 수 있다. 전국에 있는 태권도장 수는 2024년 대한체육회 통계 1만 1천여 개가 넘는다. 거기에 타 무술 도장을 합치면 1만 5천여 개의 도장이 현재 운영 중에 있다. 경쟁은 날로 치열할 수밖에 없다. 그래서인지, 가격 경쟁 또는 선물 마케팅으로 고객 유치에 집중하는 경우가 생겨난다. 태권도장의 본질과 정통성이 무너지고 고객 유치에 집중하는 모습들이 눈살을 찌푸리게 한다.

반면에, 나는 '정통성'을 지켜나가려 노력했고 지금까지 그렇게 실천하고 있다. 그것이 경쟁력에서 '진짜 살아남는 법'이라고 나는 자신 있게 단언한다. 언젠가부터 정통 태권도장이 아닌 재미를 추구하는 태권도장이 많아졌고, 아이들의 흥미를 끌기 위해 놀이 형태의 프로그램이 넘쳐났다. 태권도를 게임처럼 포장한 수업도 많아졌다. 하지만 나는 흔들리지 않았다. 다른 도장에서 태권도 교육과정이 아닌, 타 프로그램 즉, 놀이 형 체육, 유치부 프로그램, 줄넘기, 세발자전거 등을 도입한다. 주말에는 수련생 외 친구들을 모집하여 야외 체험 행사를 한다. 이 과정들이 꼭! 나쁘다는 것은 아니지만, 10개의 도장이 있으면 8개의 도장이 비슷한 분위기로 흘러간다.

'어떻게 하면, 친구 1명이라도 더 데려올까, 어떻게 하면, 우리 도장으로 오게 할까'라는 고민은 좋지만, 고객 유치의 방법을 놀이나 행사, 가격 경쟁으로 인한 가치를 떨어트리는 방법을 선택하는 것은 매우 지혜롭지 못한 것이라고 말하고 싶다. '학부모가 정작 바라는 것은 무엇일까'라는 고민이 필요하다. 정작, 내가 부모라면, '사교육비를 내고 놀이나 흥미의 방향으로 자녀를 양육하길 바랄까?', '아니면, 교육적이고 정서적 안정감을 줄 수 있는 환경으로 인도하길 바랄까?'라는 고민이 필요하다.

놀이나 흥미의 이벤트성은 순간 많은 고객을 유치하기에는 유용할 수 있지만, 그 가치는 오래가지 못하고 태권도장 환경을 저급하게 만들어가는 요인이 될 것이다. 학부모가 생각하는 도장은 거의 모두가 놀이나 레크레이션 등의 재미만을 추구하는 곳으로 오해한다. 어떤 학부모는 '어른들도 할 수 있어요? 아이들만 하는 거 아니었어요?'라며 놀라는 경우를 종종 마주하곤 한다. 이는 아이들만이 추구할 수 있는 환경이라고 인식된 와전의 효과다.

또한, 대부분의 도장 환경이 비슷해서 가격이 저렴하고 가성비가 있는 곳을 선택하게 된다고 한다. 학부모가 생각하는 가성비에 대해 생각해보아야 한다. 태권도장에서 간식을 주고, 놀이 체육을 하고, 주말 행사를 통해 숙식을 제공하는 이벤트가 있고, 타 종목을 도장에 들여와 병행하고, 선물을 주고… 과연, 이러한 것들이 자녀를 위한 가성비인지 깊이 생각해야 한다.

개인적으로 태권도장의 환경은 태권도에 대한 가치와 본질에 중점을 둘 때 빛난다고 생각한다. 그 환경이 결국 정석적, 신체적 건강함으로 도장에 오는 수련생들에게 전해지기 때문이다. 어느 도장의 경우는, 이 도장이 태권도장인지, 합기도장인지, 특공무술 도장인지, 줄넘기 교습소인지 구분되지 않을 때가 있다. 간판에 여러 종목이 들어가서 어느 종목에 집중하는 도장인지 구별이 되지 않는 곳이 있다. 과연 경쟁력 있는 도장으로 성장할 수 있을지 의문이다. 고객인 학부모와 자녀 또한 선택의 어려움이 생길지도 모른다.

나는 매일 외치며 기도하는 것이 있다.

"태권도는 태권도답게 가르쳐야 한다."
"가르침은 정직해야 한다."

기본기를 하루에도 수십 번씩 반복하고 동작 하나하나에 정신을 담고 예절과 인내심을 몸으로 익히는 것이 중요하다. 하나의 동작을 정확하게 하기 위해서는 많은 시간과 노력이 필요하다. 이러한 가르침을 전하기 위해서는 자신의 확고한 철학과 핵심 가치가 필요하다. 그 이유는 어떠한 부정적인 유혹이 오더라도 흔들리지 않는 힘이 될 수 있기 때문이다. '반듯한 교육, 정직한 가르침, 올바른 성품'을 전하는 것이 나의 신념이며 도장의 핵심 가치이다.

도장에서는 다양한 방법을 통해 재미와 흥미만을 줄 수도 있지만, 그 재미는 본질을 훼손하지 않는 선에서 여야 한다. 나는 지금도 매일 '정통 태권도'가 가진 깊이와 무게를 아이들에게 전하고 있다. 정통이라는 것은 온전하게 바르게 이어가는 것을 말한다. 정통을 이어간다는 것이 시대적 흐름에 어긋나는 것인지, 올바르고 가치 있는 바른 교육으로 변질되지 않은 표준이 되는 교육의 선택이 맞는 것인지 고민해야 한다. 도장의 올바른 교육을 전하는 교육자라면 진정성과 진심을 전하는 교육이 있어야 한다.

지도자의 태도는 곧 도장의 얼굴이다. 태권도 지도자는 단지 가르치는 사람이 아니라, 삶을 보여주는 사람이다. 말보다 먼저 행동으로 보이는 사람. 혼자 있을 때도 똑같은 자세를 유지하는 사람. 아이들이 따라 하고 싶어지는 사람. 학부모에게 신뢰를 줄 수 있는 사람. 그래서 나는 늘 솔선수범하려고 했다.

아이들에게만 정리하라고 하지 않고 내가 먼저 수련 도구를 정리했고, 기합을 제대로 하라고 하기 전에 내 구령을 더 분명하게 냈고, 인사를 잘하라고 하기 전에 나는 늘 먼저 인사했다. 부지런해야 한다고 할 때, 시간을 소중히 여기며 살아야 한다고 할 때, 귀감이 되려고 새벽 독서를 시작했다. 수련생들을 위해 독서 노트와 플래너 및 수련일지를 직접 제작하고 실천하게 했다.

"지도자의 태도는 말이 아니라, 습관으로 드러난다."

교육은 단지 수업이 아니라 '관계'다. 태권도의 가치는 아이들에게만 전달되는 것이 아니다. 학부모와의 대화 속에서도, 직원들과의 회의 안에서도, 내가 매일 마주하는 모든 관계 안에서 그 가치는 전해진다. 그래서 나는 상담할 때마다 한 아이의 성적보다 그 아이의 성품과 태도를 먼저 이야기했다.

"요즘 우리 00가 동생을 잘 챙기고 양보도 하고 있어요."

"전보다 인사를 바르게 해요."

"도장에서 배운 인내의 정의를 술술 읊고 실천하고 있어요. 얼마나 신기하고 기특한지 가족들이 물개박수 쳐줬답니다. 관장님, 정말 존경합니다."

"관장님의 세심함과 열정, 태권도 도장의 질서 있는 모습, 사범님들의 따뜻함과 아이들을 대하는 태도에서 참 많이 배워요. 우리 00가 정말 좋은 훌륭한 태권도장 다니고 있어 감사해요"

"도장이 아니라 학교 같아요."

라고 말씀해 주실 때, 아이들의 작은 변화에도 그냥 지나치지 않고 칭찬과 격려로 기쁨으로 나눠주실 때 나는 가슴 깊이 감동을 느끼며 눈시울을 적신다.

'진짜 교육'은 성적표가 아니라, 사람의 마음에 남는 것이다. 가치가 사라지면, 도장도 사라진다. 도장이 화재로 무너졌던 날, 경매로 쫓겨날 뻔했던 날, 코로나로 아이들이 뿔뿔이 흩어졌던 그 시간에도 나는 한 가지는 놓지 않았다. '정직한 가르침' 수련생이 한 명이든 백 명이든 나는 수업을 같은 자세로 준비했고, 도장이 작든 크든 같은 철학으로 아이들을 지도했다. 도장은 물리적으로 사라질 수 있다. 하지만 내가 전달해온 '가치'와 '정신'은 결코, 무너지지 않는다. 그 철학이 있었기에 나는 다시 일어설 수 있었고, 다시 아이들을 만날 수 있었고, 도장을 다시 채울 수 있었다.

관장의 한마디

"태권도를 가르친다는 건, 기술을 넘어서 '사람의 뿌리'를 세우는 일이다."

가르침에는 유행이 없습니다. 도장 교육에 있어 변하지 않아야 하는 것이 있습니다. 본질입니다. 지도자인 내가 흔들리지 않는다면, 아이들도, 부모님들도, 그 정신을 따르게 됩니다. 지금 당신이 전달하는 가치는 눈앞의 결과보다 더 오래 남아, 그 아이의 삶 전체를 지켜줄 것입니다.

학부모와 함께 만드는 교육 파트너십

"관장님, 우리 아이가 변했어요. 자신감도 생기고, 인사도 잘하고, 어른 말씀도 잘 들어요. 고맙습니다."

이런 말을 들을 때마다 나는 생각한다.

"이건 나 혼자 이룬 변화가 아니다. 부모님의 응원과 신뢰가 함께 만든 변화다."

태권도 교육은 단순히 기술을 가르치는 훈련이 아니라는 것을 강조하고 싶다. 아이의 태도, 인성, 마음가짐까지 성장

시키는 과정이다. 그리고 이 과정에서 반드시, 필요한 두 존재가 있다. 바로 도장의 지도자와 아이의 부모다.

아이의 교육을 위해 상담을 오시는 부모님과 나는 꼭! 기본 30분 이상의 시간을 두고 자녀에 대해 고민하고 계신, 부분과 어떠한 방향으로 지도하면 좋을지, 현재 수련하면서 주의해야 할 건강 상태를 체크 한다. 그리고 찾아주신 우리 도장에 대한 소개와 교육과정에 대해 전해드린다. 사실, 30분은 최소로 압축한 시간이다. 그 시간 안에 부모님의 마음을 읽어내려고 노력한다. 그리고 공감할 수 있는 부분을 찾고 나도 같은 부모로서 자녀교육을 위해 가장 중요한 것인 파트너십 마음의 중요성을 전해드린다.

자녀를 위해 목표하는 교육의 방향이 같을 때, 아이는 흔들리지 않는다. 아이들은 하루에 가장 많은 시간을 가정과 학교에서 보낸다. 그리고 도장은 그 아이에게 또 하나의 '인생 학교'가 된다. 따라서 도장과 가정이 서로 다른 방향으로 가르친다면 아이는 혼란을 겪는다. 예를 들어, 도장에서 인사를 강조해도 집에서는 "그냥 편하게 해~"라고 말한다면 아이에게 인사는 선택사항이 되고 만다. 반면, 도장에서 배운 예절과 가정의 태도가 일치할 때, 아이는 혼란 없이 자연스럽게 인성과 태도를 내면화한다. 그래서 나는 항상 부모님들과 '마음의 방향을 일치시키는 것'을 목표로 한다.

만약, 우리 도장 교육의 방향과 부모님의 교육 방향이 맞지 않는다면 자녀는 절대 긍정적으로 변화할 수 없다는 것을 전해드린다. 그리고 타 기관을 선택하시라고 정중하게 말씀드린다. 자녀의 변화를 위해 도장 지도자와 부모님의 교육 목표 방향의 박자가 잘 어우러지는 환경, 그것이 진정한 교육 파트너십이다.

교육 파트너십을 만들어내기 위해서는 반드시 신뢰하는 마음이 필요하다. 특히 태권도는 체력은 물론, 정신을 훈련하는 과정이라 때로는 엄격함도 필요하다. 이때 부모님의 이해와 지지가 없다면, 아이는 오히려 상처받고 혼란스러워할 수 있다. 나는 늘 도장의 교육 방침과 수련 철학을 학부모님들께 투명하게 설명해왔다.

"이 도장은 놀이공간이 아닙니다. 아이들이 땀 흘리고,
질서를 배우고, 인내심을 기르는 공간입니다."

어떤 부모님은

"힘들어도 꼭 보낼게요."

"태권도에 집중할 수 있어서 좋아요."

어떤 부모님은

"그래서 이 도장을 선택했어요."

이 말들이 모이고 쌓여서, 도장은 교육의 중심을 잃지 않았다.

학부모 상담은 나에게 매우 중요한 시간이다. 소통이 곧 신뢰로 이어지기 때문이다. 내가 가르친 아이를 가장 가까이에서 키우는 부모님의 목소리를 듣는 일, 그리고 내가 느낀 아이의 성장과 고민을 함께 나누는 일은 지도자로서 교육의 방향을 점검하는 나침반이다. 그래서 나는 도장밴드나 문자, 상담 시간 등을 통해 아이의 태도, 수련 과정, 변화 등을 꾸준히 소통하려 노력한다. 아이의 작은 변화도 부모님과 함께 바라볼 때, 그 변화는 '성장'이라는 이름으로 완성된다.

'한 아이를 키우기 위해서는 온 마을이 필요하다'라는 아프리카 속담이 있다. 아이 한 명이 건강하고 바르게 성장하려면 부모만의 책임이 아니라, 공동체 전체의 관심과 도움이 필요하다는 의미를 담고 있다. 나는 이렇게 생각한다.

"한 아이의 인성을 키우기 위해서는 지도자의 열정과 부모의 신뢰가 함께하는 교육 공동체가 필요하다."

부모님이 단순히 수련비를 납부하는 존재가 아니라, 함께 고민하고 함께 응원하는 교육 동반자가 될 때 그 아이의 성장은 더욱 뿌리 깊고 단단해진다.

진정한 도움을 원하는 학부모는 자녀의 마음과 신체적 상황을 솔직하게 이야기한다. 즉, 그것은 간절함이라는 것을 알고 있다. 자녀의 약점으로 보여질 수 있는 이야기를 토로한다는 것은 '관장님~도와주세요~'라는 외침이라는 것을 알아채야 한다. 그리고 믿고 맡겨주신 자녀를 위해 최선의 노력으로 이끌어야 한다. 꾸준한 믿음으로 만들어진 관계 안에서 정성과 진심은 언제나 통하기 마련이다. 그 통함이 신뢰할 수 있는 교육 파트너십을 만들어내고 자녀는 반드시 건강하게 변화하고 성장할 거라는 것을 우리는 잊지 말아야 한다.

관장의 한마디

"도장 교육의 완성은 지도자와 학부모가 같은 방향을 바라볼 때 이루어진다."

지도자는 신뢰를 심고, 부모의 응원이 더할 때, 아이는 그 중심에서 올바른 길을 걸어갈 수 있습니다. 자녀들의 교육은 지도자와 학부모의 건강한 소통에서 시작됩니다. 그 소통을 위해 나는 지금 무엇을 하고 있는지 고민해야 합니다. 고민은, 또 다른 성장의 시작입니다.

제자들의 잠재력을 깨우는 인성 교육의 힘

"삼진아웃제도가 있어요"

"어머님~ 우리 도장에는 삼진아웃제도가 있습니다. 꼭! 지켜야 하는 약속들이 있어요. 만약, 지켜지지 않으면 퇴관을 약속해야 한답니다."
라며 도장에서 반드시 지켜야 하는 환경들을 전달한다. 왜냐하면, 도장의 환경이 제자들의 태도를 만들어내기 때문이다.

도장의 환경을 움직이는 힘은 함께 어우러져 수련하는 선배, 동료, 후배들의 행동 가짐에서 서로가 배우고 격려하며 만들어낸다. 물론, 좋은 환경을 이끄는 것은 도장의 지도자이다. 만약, 지도자의 언행이 올바르지 않거나 솔선수범의 모습이 보이지 않는다면 도장의 환경은 절대 변하지 않는다. 먼저 모범을 보이고 실천하며 이끄는 지도자가 있다면 당당한 가르침을 전하게 될 것이다. 어디에서든지 교육에 있어 명확한 기준과 목적 그리고 이유는 분명히 지킬 수밖에 없는 환경을 만들어 준다. 즉, 도장에 오는 아이의 언행에 있어 올바른 선택을 할 수 있도록 이끌어야 한다.

도장에 자녀를 보내는 부모님들의 우선순위는 '예의범절' 즉, '인성 교육'이다. 어른을 공경할 줄 아는 마음을 배우는 것, 예의의 기본인 인사를 잘할 수 있어야 한다. 즉, 감사할 줄 아는 마음의 성장과 더불어 긍정의 마음을 가질 수 있는 힘을 기르는 것 또한, 인성 교육의 중요한 부분이다. 부모들이 단지, 도장에 또래만을 사귀거나 놀이나 신체활동을 목적으로만 도장 입관을 하지 않는다. 타 교육 기관에서는 배울 수 없는 태도와 마음의 훈련. 절제와 인내, 끈기 그리고 목표를 통한 성취감을 통해 성장하는 힘을 기를 수 있도록 도장을 선택한다.

"우리 아이가 도장을 다니고 나서 행동이 바뀌었어요."

"태권도 다녀오더니 '감사합니다, 죄송합니다'를 더 자주 말해요."

이런 이야기를 들을 때마다 나는 마음 깊은 곳에서 뿌듯함을 느낀다. 그 어떤 평가보다도, 아이의 인성이 변화했다는 부모님의 말이 나에게는 최고의 보상이다. 태권도장은 단순히 기술만 배우는 공간이 아니다. 인성과 태도를 기르는 수련장이며, 삶의 기본기를 다지는 인생 학교다. 요즘 시대에 특히 귀한 덕목인 절제, 끈기, 인내, 질서, 예의, 존중, 배려는 도장에서 수련과 함께 스며든다.

기술은 반복으로 익히고, 인성은 관계를 통해 자란다. 그래서 도장은 이 두 가지를 동시에 품은 교육 현장이다. 도장에서의 수련은 단순히 발차기, 품새만을 의미하지 않는다. 수련을 통해 아이들은 자신을 통제하고, 타인을 존중하며, 질서를 지켜야 한다는 기본을 몸으로 배운다. 아무리 뛰어난 실력을 갖추었더라도 예의 없는 행동은 용납되지 않는다. 나의 도장에서는 실력보다 태도를 먼저 본다. 무조건적인 실력 중심이 아닌, 바른 태도에서 비롯된 성장이 진짜 성장임을 강조해왔다.

특히 인성 교육은 선배와 후배의 관계 속에서 자연스럽게 배워나간다. 선배는 후배를 도와주고 이끌어야 하며, 후배는 선배를 존중하고 따르는 법을 배운다. 수련이 끝나면 도복을 정리하고, 훈련 도구를 함께 정리하고, 후배의 안전을 챙기는 선배의 모습은 최고의 교육 장면이다. 자연스럽게 형성된 이 문화는 교과서에서 가르칠 수 없는 리더십과 배려심을 길러준다. 더욱 중요한 것은 이것이 단순한 '가르침'이 아니라, 도장 안에서의 '삶'이라는 점이다.

도장에는 정말 다양한 수련 도구들이 있다. 한번은 아이들 각자가 가지고 와야 할 도구가 있었다. 도장 모서리에 쌓여 있었다. 그 도구를 꺼내려면 다른 도구들 사이로 비집고 들어가야 할 때가 있다. 밖으로 뾰족하게 나와 있는 도구 손잡이가 마음에 거슬려 조심히 다가가 도와주려고 했다. 그런데 검은 띠 선배가 그 뾰족한 손잡이를 동생들 머리에 닿지 않도록 손으로 감싸고 있지 않았던가, 참으로 기특하고 감격스러웠다. 그리고 정말 고마웠다. 동생들은 선배의 배려심과 자상함을 배우고 본인들 또한, 동생들에게 같은 행동으로 배려하며 도울 것이다.

바로, 이것이 말로만 하는 인성 교육이 아니라, 선한 영향력이며, 함께 땀 흘리며 살아가는 훈련 과정 안에서 아이들은 본능적으로 배우는 것이다.

"관장님이 하면 나도 할래요."
"선배가 저렇게 행동하니까 멋있어요."

이 말들은 내가 굳이 입으로 가르치지 않아도 아이들 스스로 배우고 느끼고 행동하는 증거다.
지역 사회 안에서도 이러한 변화는 입소문을 통해 퍼져간다.

"그 도장에 보내면 아이가 달라져요."
"예의가 바르고 책임감이 생겼어요."

부모들 사이에 자연스럽게 회자 되며, 도장은 신뢰받는 교육 기관이 된다. 그렇게 부모들의 구전을 통해 도장의 성장은 계속 이어진다.
나는 이것이 가장 큰 자부심이다. 우리 도장을 다녀간 제자들이 단순히 태권도를 잘하는 아이가 아니라, 어디서든 바른 태도를 지닌 사람으로 성장했다는 것. 이것이야말로 지도자로서 내가 추구하는 진정한 성과이다.

이제는 사회 전반에서 인성 교육의 필요성이 대두되고 있지만, 공교육만으로는 한계가 분명하다. 학교 교육이 놓치고 있는 감정조절, 협력, 존중, 배려 등의 영역은 도장에서 오히려 더 자연스럽고 깊이 있게 이뤄진다. 태권도장은 인성 교육의 최전선에 있는 셈이다. 지도자의 태도 하나가 제자의 삶을 바꾼다. 지도자가 먼저 존중하고 솔선수범할 때, 아이들은 자연스럽게 따라온다.

인성은 억지로 심을 수 있는 것이 아니다. 지도자의 진심에서 우러나와야 아이들의 마음에도 닿을 수 있다. 지도자가 솔선수범하지 않고 먼저 실천하지 않고 말로만으로 교육하는 것은, 절대 오래가지 않는다. 그리고 그것은 당당함이 아닌, 부끄러운 과정일 것이다.

나는 오늘도 도복을 정돈하며 수련장을 바라본다. 이 공간에서 아이들은 어제보다 나은 자신을 마주하고, 더 단단한 사람으로 성장하고 있다. 나는 매번 매일 도장에 오는 아이들을 격려하며 축복한다. 격려와 따뜻한 인사, 그리고 관심의 태도로 "멋지다! 잘할 수 있어! 포기 하지마! 인사를 잘하는 네가 너무 자랑스럽다! 도와줘서 너무 고마워! 우리 도장에 오는 너희들이 너무 기특하고 대견하다!" 나는 매일 이렇게 격려한다. 그리고 인성을 가르치는 것이 곧 사람을 키우는 일임을 믿으며, 나는 오늘도 변함없이 아이들의 가능성을 깨우는 지도자로 살아간다.

관장의 한마디

"기술은 도전으로 성장하고, 인성은 관계 속에서 완성된다."

아이의 가능성을 믿고, 바른 인성으로 그 가능성을 깨워주는 태권도 지도자의 사명이야말로 이 시대에 가장 필요한 교육입니다. 한 명의 제자를 바르게 세우는 것이 곧 세상을 바르게 세우는 길이 됩니다.

태권도를 통한 사회 기여: 시범단 이야기

"관장님, 시범단이 뭐예요?"

처음 시작한 20평의 작은 도장에서 시범단을 결성하겠다고 다짐했을 때 수련생 전체 인원은 고작 15명이었다. 경쟁력 있는 도장을 만들기 위해서 가장 먼저 시작한 것이 시범단 결성이었다. 그때 유급자와 유품자 전체 인원 중 통틀어 5명의 검은 띠 아이들이 있었다. 나는 그 아이들을 시범단원으로 결성해야겠다고 마음먹었다. 그중에 남학생 4명, 여학생 1명이었다. 어릴 적에 자주 보곤 했던 만화영화 '독수리 오 형제'가 생각이 났다. 그 만화영화는 정의를 위해서 앞장서서 적과 싸우는 이야기 구성의 만화영화였다. 인원도 딱 맞았고, 도장의 질서와 영향력을 위해서 이 아이들을 세워 본보기가 되는 모델로 삼아야겠다고 다짐했다. 그리고 아이들에게 "시범단 해보지 않을래?!"라며 말을 건넸다. 아이들이 내게 물었다. "시범단이 뭐예요?"라고 말이다.

당시, 인계받은 도장에서는 시범단이 없었기에 시범단에 대해 잘 모르고 있었다. 아이들에게 시범단에 대해 간략하게 설명하고 '관장님 믿고 따라와 볼래?!'라며 이끌었던 기억이 난다. 작은 도장에서 체계를 하나하나 잡아가면서 내가 우선순위로 도장을 위해서 했던 것은 태권도의 진정성과 본질을 위한 교육의 현장을 만드는 것이었다. 그리고 어릴 적부터 시범단원으로서 활동하고 경험했던 과정들을 떠올리며 적용했다. 시범단은 태권도를 하면서 내게 있어 가장 즐거웠고 보람되고 행복했던 시간이었다. 초등학교부터 대학에서 시범단 활동을 지원하기까지 모든 과정의 경험은 내게 있어 매우 보람되고 멋진 과정이었기에 잘 전해주고 싶었다.

마음속으로 외치고 있었다.

"이 아이들을 통해서 감동을 전해 보자!"

시범단은 '태권도의 꽃'이라 불릴 만큼 태권도 수련의 범위를 시범으로 만들어 표현해낸다. 하지만 내게 시범단은 단지 멋진 발차기와 단체 동작을 보여주는 무대가 아니라, 사회와 연결되고 세상을 변화시키는 '가장 따뜻한 성장'의 상징이다.

  도장을 운영하면서 내가 가장 소중하게 여기는 프로그램 중 하나가 바로 시범단 활동이다. 시범단은 단지 실력 있는 아이들만의 특권이 아니다. 더 많은, 사람들에게 태권도의 가치를 전하고, 우리 아이들이 지역 사회의 작은 빛이 되게 하는 훈련의 장이다. 그래서 나는 실력보다는 태도와 하고자 하는 의지, 책임감과 배려를 시범단의 자격 조건으로 가장 먼저 본다.

  시범단이란 무엇인가, 모범을 보이는 단체. 즉, 태권도에서는 태권도로서 모범을 보이고 솔선수범하며, 수련의 가치를 알리는 자들의 모임이라고 말할 수 있다. 태권도의 기술적인 측면만이 아닌, 마음과 몸가짐이 바르고 자신의 주어진 모든 일에 있어 책임감이 있어야 한다. 또한, 시범단원은 혼자가 아닌, 단체로 함께 어우러지는 훈련과 시범 공연 및 대회에 출전하며 기량을 선보인다. 국내뿐만 아니라, 국제적인 활동을 통해 태권도의 위상을 널리 아리는 역할을 한다. 1988년 서울 올림픽이 개최되던 해 나는 10살이었다. 그해 나는 잠실주경기장에서 펼쳐진 태권도 전체 시연의 모습을 생생하게 기억한다.

절도와 기합 소리 그리고 다수의 인원이 하나로 뭉쳐져 이뤄지는 태권도 동작과 격파 시연이 인상 깊었다. 당시 나는 국기원 심사인 1품 취득을 앞두고 있었던 초등학교 3학년 여자아이였다. 단체 시연 장면을 보면서 태권도의 매력에 더욱 빠져들었고 훗날 나도 어디에서든지 시범을 보이고 싶다는 마음이 간절했던 기억이 난다. 태권도는 대한민국 무도 스포츠이며 국기이다. 어디에서든지 태권도라고 하면 '대한민국'이라는 말이 떠오르게 할 만큼 그 가치는 무한하다. 나는 지도자 생활을 시작하면서 태권도의 위상과 가치를 널리 알리고 싶었다.

내가 양성하는 제자들이 개인이 아닌 누군가를 위해서 또는, 더 나아가 지역을 사회를 감동 시킬 수 있다면 얼마나 귀한 달란트이고 존재인가. 처음 시범단을 결성한 날이 떠오른다. 15명의 작은 도장에서 5명의 유품자 검은 띠 아이들로 꾸려 검정색 시범단 도복을 수여했다. 아이들의 눈빛은 평소와 사뭇 달랐다. 전쟁터에 나가는 군인처럼 늠름했고 눈빛은 반짝였다. 그리고 더욱 책임감이 들었는지 기합 소리와 태도는 더욱 진지했다. 아이들의 모습처럼 나 또한 관장으로서 최선을 다하겠다는 다짐을 했다. 시범단의 모습은 단지, 보여주기 위함이 아니라, 태권도에 대한 진심을 전해줄 수 있는 제자들이 되길 소망했다.

5명의 시범단 아이들은 승급심사 및 공개발표회에서 두각을 드러냈다. 일사불란한 동작 속에 태권도 정신, 예의, 집중력, 자신감을 녹여냈다. 후배 수련자들에게 목표 의식을 심어주며 본보기가 되었다. 부모님들에게는 많은 박수와 격려 그리고 응원을 통해 성장했고, 도장 내 또는 지역에서 시범단원이라는 자부심을 갖게 되었다. 그 이후 매년 후배 시범단원들이 늘어났고, 한 번은 요양병원에 초청을 받아 봉사와 헌신. 기여라는 사명으로 시범 공연을 펼쳤다. 시범단은 도장 내에서만이 아닌, 지역 사회의 작은 영웅이 되었다. 그리고 아이들은 그렇게 누군가에게 감동과 미소를 책임지는 존재로 성장했다.

시범단이란 단지 보이는 것을 넘어선 '진짜 교육'의 과정이다. 두 번째 도장에서 시범단은 더욱 성장하는 과정을 겪었다. 코로나 시기가 왔고 그 시기에 좌절하는 것이 아닌, 내면에 대한 성장을 더욱 다지는 시간이었다. 단원들과 새벽 독서를 시작했고, 필사를 하였으며, 온라인에서 배워나갈 수 있는 교육과정들을 실시했다. 블로그, 미리캔버스, 메타버스 교육 등을 실시하며, 변화하는 유행에 뒤처지지 않기 위해 나 또한 공부하며 성장했다. 코로나 시기로 인해 태권도 대회도 변화했다. 온라인 대회가 개최되었고 발맞추어 온라인 품새 및 시범 대회에 참여하였으며, 단원들의 기량을 놓지 않았다.

단원들은 시대의 흐름에 잘 적응하며 열심히 따라주었다. 단원들과 부모님들의 격려와 지원 속에 계속해서 뒤처지지 않기 위해 공부했고 단원들은 성장하며 부흥했다. 코로나 시기를 잘 견뎌냈고 끊임없는 연구와 노력의 결과 2025년 현재는 2배 이상의 단원으로 증가했다. 초등부와 중·고등부 시범단원으로 분리되어 각 코치 지도진이 있을 만큼 시범단은 성장했다.

시범단원의 성장만큼이나 대회 참가 그리고 시범 공연의 기회는 더욱 늘어간다. 그에 따라 준비하는 과정은 절대 단순하지 않다. 호흡을 맞추고 실수를 줄이며 완성도를 높이는 반복은 절대 쉬운 과정이 아니다. 그 과정에서 아이들은 끈기, 협력, 책임감, 희생을 자연스럽게 배우게 된다. 그리고 무엇보다 사람 앞에 서는 용기를 얻는다. 수줍고 소심하던 아이가, 관중 앞에서 또렷한 기합과 자신 있는 동작을 펼칠 때 나는 그 아이의 변화와 성장을 느낀다. 무대는 무언의 훈련장이며, 아이들에게는 자신을 마주하는 거울이다. 시범단이 되어 활동을 지속한 아이들은 눈에 띄게 달라진다. 학교에서도 리더 역할을 하거나, 친구에게 먼저 손을 내밀고, 후배에게 모범을 보이기 시작한다. 태권도의 정신을 생활 속 실천으로 가져오는 것이다.

시범단이라는 것은 태권도의 정통성을 그대로 나타내는 아주 훌륭한 본보기가 된다. 또한,

시범단은 단지 도장의 이미지나 홍보를 위한 수단이 아니다. 우리는 이 활동을 통해 지역 사회와 소통하고, 아이들이 받은 사랑을 다시 돌려주는 순환의 가치를 실현하고 있다. 나는 매번 단원들에게 전한다. '왜? 시범단을 하는지', '시범을 통해서 어떠한 영향력을 전해줄 수 있는지', '시범이 의미하는 것은 무엇인지', '시범단이라는 것은, 어떠한 태도를 갖춰야 하는지' 말이다. 시범단원으로서 활동하는 아이들은 성

숙하다. 그들은 기술을 넘어, 가치 있는 행동을 실천하는 방법을 알고 있다. 나는 이 시범단이야말로 태권도장의 가장 귀한 교육 철학이자, 세상에 선한 영향력으로 기여할 수 있는 방법이라고 믿는다.

태권도의 정통성과 본질을 잘 지켜내는 도장, 준비된 도장은 시범단 양성에 주력할 수 있다. 태권도의 가치를 가장 잘 나타낼 수 있는 무기와도 같기 때문이다. 지금도 우리 도장에서는 매일 시범단의 훈련이 이어진다. 새로 들어온 후배에게 동작을 가르쳐주고, 시범이 있는 기간에는 더욱 마음을 다잡는다. 아이들은 '어우러짐'이라는 힘을 배우고 있다. 그리고 사회에 함께하는 사람으로 살아갈 용기와 태도를 익히고 있다. 시범단은 단지 무대를 만드는 팀이 아니다. 세상을 밝히는 작은 등불이며, 나아가 태권도의 사회적 가치를 증명하는 살아있는 교과서다.

관장의 한마디

"기술은 빛나지만, 가치는 감동을 남긴다."

태권도 시범은 단지 눈에 보이는 퍼포먼스가 아닙니다. 한 아이의 성장, 지역의 감동, 그리고 세상을 향한 메시지입니다. 당신의 도복은, 생각보다 더 많은 사람에게 용기를 주고 있습니다. 우리는 그 사실을 잊지 말아야 합니다.

Part 6

두 개의 왕관, 가정과 도장의 지혜로운 조화

4남매를 키우며 도장 운영하기

"결혼하셨어요? 안 하신 줄 알았어요."
"자녀는 있으세요?"

태권도장 관장으로서 출발해서 처음 상담 오신 어머님 10명 중 7~8명이 물어보는 질문이었다. 학부모들에게는 당신의 자녀를 맡겨야 하는 지도자에 대한 신뢰가 중요했다. 첫 질문에 대한 느낌은 "내 아이를 당신에게 맡기려고 하는데 자녀가 있는지 없는지가 중요해. 그래야 공감할 수 있다고 생각해. 나는 우선순위로 보는 관점이야"라고 내게 얘기하는 것 같았다.

첫 아이를 출산하고 도장 운영을 시작했다. 매번 다짐한 것이 있었다. '만약, 내가 도장을 경영한다면, 다짐한 두 가지 약속이 있었다. 첫째, 결혼은 하고 시작하자. 둘째, 아이를 낳은 엄마가 되었을 때 시작하자.'라는 다짐이었다. 왜냐하면, 도장을 찾아오는 고객은 학부모다. 학부모는 자녀를 낳고 자녀를 위해 좋은 교육을 전해줄 수 있는 선생을 찾는다. 그렇다면, 가장 기본적으로 학부모와의 소통을 위해서는 공감이 필요하다.

　부모로서 자녀를 양육하면서 필요한 것이 무엇인지 무엇을 전해줄 것인가에 대한 공감 말이다. 그리고 중요한 것은 학부모가 맡긴 자녀를 잘 이끌어야 하는데 아이들에 대한 이해가 없다면 가르치는 부분에 한계점이 있을 것이라는 생각을 가졌다. 부모로서의 공감, 자녀들에 대한 공감은 즉, 소통으로 이어진다. 도장을 찾아온 학부모에게 학부모의 입장을 헤아리며 소통하고 상담하는 첫인상은 신뢰감 있는 도장 경영자로서 마주하게 된다. 그 믿음은 처음 마주한 학부모에게 역시나 좋은 인상을 남겨주었다.

　나는 '엄마'이자 '관장'이다. 두 개의 이름, 두 개의 왕관을 동시에 쓴 채 하루를 달린다. 엄마라는 이름으로 시작한 하루하루는 언제나 엄마로 시작된다. 새벽같이 눈을 뜨면, 네 명의 아이들 아침을 챙기고 등교 준비를 돕는다. 도장 출근 전, 준비물은 잊은 물건은 없는지, 늦지 않게 학교에 가야 한다며 양말을 찾아주고, 현장학습 일정이 생기면 도시락을 챙겨주고, 물통은 잘 챙겼는지, 방과 후 일정은 어떤지 하루하루를 점검하며 등교를 시킨다. 우선순위로 먼저 등교시켜야 하는 아이부터 챙겨서 보내야 한다. 네 명 각자가 학교도 다르고 등굣길도 다르다. 그러다 보니 같은 시간에 등교를 시키기는 어렵다. 초등학교, 중학교, 고등학교 모두 등교 시간이 다르니 등교시키는 오전의 일과는 매우 빠듯하다.

  가끔 감기로 또는 다른 질병으로 인해서 병원을 데리고 가야 하는 경우도 생긴다. 도장에서 오전 수련이 있는 날이면 마음이 조마조마하다. 수련 시간에 늦지나 않을지 시간은 약속인데 신뢰를 잃진 않을지 마음이 불편해진다. 한편으로는, 아픈 내 아이를 마음 편히 돌보아야 하는데 진료는 받아야 하고 수련 일정은 맞추어 가야하고 내내 마음이 편치 않다. 아마 워킹맘이라면 누구나 공감하는 상황일지 모른다. 가끔은 아이들의 질병 등의 일로 인해 갈림길에 선다. 가정이 먼저인지, 직장에서 책임자로서 도장에 출석하는 수련생 제자들이 먼저인지 매번 나는 고민을 한다. 지금 되돌아보면 정말 '나는 건강하고 좋은 엄마였는가'라는 마음에 미안함과 아이들 생각에 안타까운 마음도 든다.

워킹맘으로서 가정에서는 엄마로서 직장에서는 관장으로서 살아간다는 것은 절대로 쉽지 않다. 아이들도 부모도 그만큼의 희생이 따른다. 아이들은 그런 엄마를 기대하고 기다리면서 어느 순간 쑥 커버렸다. 엄마에게 아쉽고 서운한 마음이 많을 텐데도 불구하고 아이들은 한 번도 엄마가 하는 일에 불만을 토로한 적이 없다.

가끔, 함께 있고 싶어서인지 도장에 데리고 가면, 안되냐고 라며 물을 때가 있다. 하지만, 직장에서는 공과 사에 대한 명확한 기준이 필요하기에 직장에서의 일에 아이들을 전혀 관여시키지 않는 것이 나의 신념이다. 왜냐하면, 공적인 일에 사적인 감정을 개입하게 된다면, 효율적인 업무능력을 수행할 수가 없기 때문이다. 아이들에게는 매우 미안하다. 하지만, 나름대로 휴일에는 아이들과 함께 있으면서 할 수 있는 추억거리를 만든다. 아이들에게는 그 시간도 매우 짧고 아쉬울 수 있지만, 휴일에는 아이들에게 집중하려고 노력한다.

도장을 경영하다 보면, 벅차고 힘겨울 때도 있다. 스트레스가 있거나 도장의 일로 어려운 마음이 생길 때도 있다. 때로는 아이들에게 묻는다.

"엄마 태권도 관장님 하지 말까?"

아이들은 "아니~ 왜?"라며 반문한다. 그리고 엄마는 관장님이라서 멋지다고 그만두면 안 된다고 말해 준다. 자녀들에게 있어 항상 본보기가 되고 자랑스러운 부모가 되고 싶은 것은 모든 부모의 바람일 것이다. 서운함도 많을 텐데 엄마의 일을 존중해주고 자랑스러워하는 아이들에게 너무 감사한 마음이다.

도장에서는 누구보다도 강한 '관장님'으로 아이들이 학교에 가는 시간, 나는 관장이 된다. 도장 문을 열고, 도장 바닥을 닦으며 하루를 준비한다. 나는 사범이자 교육자이고, 행정가이며 동시에 리더다. 도장에서는 '강한 리더십'이 필요하다. 어떤 일이 생겨도 중심을 잡고, 말보다 행동으로 보여주는 자세가 중요하다. 수련 중에는 아이들에게 한 번 더 뛰게 하고, 상담 중에는 부모님의 눈을 보며 마음을 읽는다. 하루에도 수십 번, 나는 단호한 지도자와 따뜻한 어른 사이를 오간다. 두 개의 왕관을 쓴 삶, 그 균형의 지혜로 가정을 지키는 것과 도장을 운영하는 것. 둘 다 누구에게도 양보할 수 없는 소중한 사명이다.

많은 이들이 묻는다.

"4남매를 키우면서 도장까지, 어떻게 하세요?"

정답은 없다. 대신 나만의 좌우명이 있다.

"무너지지 말고, 흔들리지 말고, 의미 있게 버텨라."

완벽하게 해내려 하지 않는다. 다만 성실하게, 그리고 진심으로. 아이들과의 대화에선 눈을 마주치고, 도장에서는 제자들의 마음을 먼저 읽는다. 실패할 때도 있고, 눈물 날 때도 있지만, 나는 안다. 그 눈물의 무게가 성장의 깊이가 된다는 것을 말이다. 아이들에게 보여주는 '엄마의 삶' 내 아이들에게 나는 말보다 행동으로 가르친다.

'엄마는 도장을 지키면서도 단 한 번도 너희를 잊은 적이

없단다.'

나는 우리 아이들에게 미안함보다는 자랑스러운 엄마, 멋진 엄마이고, 싶은 마음이 간절하다.

아이들은 부모의 건강한 삶을 거울삼는다. 네 명의 우리 아이들은 그런 엄마를 통해 삶의 자세를 배운다. 그리고 나는 아이들의 눈빛을 통해 내 사명의 이유를 다시 확인한다. 도장에서 수많은 제자들을 가르치며 동시에 4명의 자녀를 키운다는 건, 누구보다 강한 체력보다도 지혜와 사랑이 필요한 일이다.

나는 매일 선택과 우선순위 앞에 선다. 때로는 아이의 발표회에 참석하지 못했고, 때로는 도장의 중요한 설명회를 미뤄야 했다. 그러나 그 모든 선택은 결국, 사랑의 다른 얼굴이었다. 그럼에도 불구하고, 나는 오늘도 웃는다. 내 삶은 여유롭지 않지만, 충만하다. 누군가에겐 '과해 보이는 삶'일지 몰라도, 내게는 하루하루가 성장과 감사의 연속이다. 가정과 도장. 이 두 공간을 지혜롭게 이어주는 다리가 되고 싶다. 아이들에게는 "엄마는 참 멋진 사람이야"라는 말을, 도장 아이들에게는 "우리 관장님은 진짜 존경스러워"라는 말을 듣는 것. 그것이 내가 바라는 최고의 칭찬이다.

관장의 한마디

"가정을 지키는 일이 도장을 지탱했고, 도장을 세우는 일이 내 아이들에게 삶의 방향이 되었다."

두 개의 왕관을 지키는 것은 절대, 쉽지 않습니다. 하지만, 그 안에는 사랑과 책임, 사명과 꿈이 공존합니다. 우리는 모두, 삶에서 단 하나의 역할이 아닌 여러 역할을 아름답게 소화해내는 존재입니다. 오늘도 지혜로운 조화를 이루기 위한 발걸음을, 담대하게 내딛길 바랍니다.

엄마이자 관장으로서의 균형 잡기

　나에게는 네 명의 자녀가 있다. 처음 도장을 시작했을 때 아이는 한 명이었다. 도장 경영을 시작하면서 둘째, 그리고 쌍둥이까지 총 네 자녀의 엄마가 되었다. 도장 경영을 시작하겠다고 마음먹은 다짐 중 하나는 결혼, 그리고 자녀가 있는 엄마로서의 도장 관장으로 시작이었다. 물론, 쉽지 않았다. 도장 운영을 시작할 당시 이제 막 돌을 지난 나의 첫 아이를 어린이집에 맡기고 워킹맘으로서의 도전은 내게 있어 모험과 같았다. 내 아이를 위해서만 몰입하고 나의 일을 내려놓을 것인지, 아니면, 내가 좋아하는 일을 통해 누군가에게 선한 영향력을 전해줄 수 있는 사람이 될 것인지에 대한 선택은 매우 어려웠다. 그래도 후회한다면 도전해보고 시도해보고 경험해보고 후회하자는 마음으로 시작을 했다.

엄마 관장님으로 살아간다는 것은 내 아이의 엄마이기도 하지만, 도장에 오늘 아이들에게 또 다른 엄마와 같은 존재와도 같다. 도장에 오는 아이들에게 올바른 태도와 선택을 할 수 있는 길을 열어줘야 하고 신체적 활동을 올바르게 이끌어줘야 하는 책임이 있기 때문이다. 가정에서 배워야 하는 교육과 도장에서 전해야 하는 교육이 아이들에게 잘 전해져 건강한 삶을 살아가도록 가르쳐야 한다. 그래서 나는 내 도장에 오는 아이들에게 관장이자, 사범, 그리고 또 다른 엄마와 같은 존재이다.

나는 오늘도, 두 개의 세계를 살아간다. 하나는 가정의 중심으로서, 또 하나는 도장의 중심으로서. 양손에 쥔 두 개의 사명. 가정과 도장은 마치 두 개의 기둥처럼 나의 인생을 지탱해준다. 한쪽이라도 소홀해질 수 없기에, 늘 한쪽을 잡고 있을 때 다른 쪽을 살피며 균형을 잡으려 노력해왔다. 아이들이 아프거나 학교 문제로 고민이 생기면, 나는 관장의 역할보다 먼저 엄마로서 아이의 옆을 지킨다. 도장에서 중요한 일정이 있을 땐, 아이들에게 "엄마, 오늘은 도장에 더 집중해야 할 것 같은데, 이해해줄래?!"라며 양해를 구한다. 완벽한 조화를 이룰 수는 없지만, 균형은 내가 어디에 마음을 두느냐에 따라 달라진다는 걸 깨달았다.

무너지지 않기 위해 만들어낸 루틴. 두 역할을 동시에 감당하다 보면 자신도 모르게 '나는 어디에 있지?' 하고 헷갈릴 때가 있다. 그래서 나는 '루틴'이라는 중심을 만들었다. 아침엔 무조건 아이들과 등교를 함께 한다. 조금이라도 대화를 하고 싶어서다. 저녁이 늦어질 땐, 도장 일을 마무리하고 짧게라도 안부를 묻고 하루를 마무리한다.

도장 운영을 시작하고 90% 에너지를 도장에 쏟아내고 나머지 10%를 가정에 집중하며 소홀했던 적이 있다. 집에서도 내가 도장 일에 그렇게 열정으로 에너지를 쏟을 줄 몰랐다고 한다. 아이는 갓 돌이 지났고 남편은 나의 일상이 도장 업무에 맞춰져 있으니 매우 서운해했다. 처음에는 나를 응원하고 격려하더니 나중에는 말이 없어졌다. 지나고 보면, 참으로 미안하다. 만약, 내가 그렇게까지 하지 않았으면, 지금의 나와 도장 성장이 있었을까?! 다른 대안이 있었을까?! 라는 생각을 해본다.

남편은 비전공자였고 당신의 일에 집중해야 했다. 나는 내 도장을 여성 관장이라는 타이틀로 나 홀로 꾸려나가야 했다. 전공자인 나의 경험과 실력에 집중하며 나를 믿고 달렸다. 첫 도장을 개관할 당시 내 주변에 여성 관장은 찾아보기 어려웠다. 편안하게 믿고 의지하며 선배 멘토로서 역할을 해줄 수 있는 여성 관장도 없었다. 선배인 남성 관장들이 있다고 할지라도 그 환경을 이해하는 충분한 조언과 공감은 어려웠다. 오롯이 여성 관장으로서 나 홀로의 싸움이었다. 스스로를 믿고, 관련 서적을 찾아보면서 도장의 수련 환경에 대해 지속적 인 연구가 필요했다. 그리고 매일 고민했다. '지금 내가 할 수 있는 것과 지금 해야 하는 것은 무엇이지?'라며 고뇌했다.

도장에 문의가 들어오지 않고, 성장이 보이지 않을 때면 불안감이 밀려왔다. '내가 잘하고 있는 게 맞나?'라는… 고뇌도 들었다. 답답했다. 가족들에게는 도장 경영자로서의 고충을 깊이 토로하기에 마음이 어려웠다. 또한, 충분한 위로와 이해는 역부족이었다. 이럴 때 '만약, 나의 배우자가 전공자였으면, 어려움을 조금 더 빨리 극복하고 나아갈 수 있지 않았을까?'라는 생각도 들었다. 때로는 도움이 되지 않는 것 같아 화가 날 때도 있었다. 하지만, 내가 해보겠다고 다짐한 일이니 그렇게 부정적인 감정을 표현하는 것은 에너지 소모였다. 무너질 수 없다고 생각하고 도장에 더욱 열중하며 평일과 주말 없이 쉴 틈 없이 움직였다.

   도장 일에 집중하다 보니 가족들에게 소홀해지기 일쑤였다. 아이와 함께 있는 시간도 줄어들고 어느 순간, 우선순위가 도장 업무로 바뀌어 있었다. 어느 날은 남편이 많은 서운함을 비쳤다. 하지만, 우리에게는 네 명의 아이들, 그리고 당신의 일을 놓고 양육에 힘써주시는 부모님의 짐을 덜어드려야 하는 책임이 있다. 서로가 현재 상황을 이해해주길 바랐다. 함께하는 시간은 많지 않아도 아이들과 함께 할 수 있는 시간에 최선을 다할 수 있도록 노력했다.

   남편은 내심 도장의 일보다는 가정에 더욱 에너지를 쏟고 시간을 할애하길 바라는 눈치였다. 하지만, 나는 도장에 오는 제자들의 성장을 위해 가르치고 전하는 환경이 너무 행복했다. 타고난, 운동 능력자는 아니지만, 제자들의 성장하는 모습을 보면서 보람을 느꼈다. 그리고, 제자들의 성장이 곧, 나의 성장이라는 것 또한 깨달았다.

   이기적인 내 욕심일지 몰랐다. 하지만, 도복과 띠에 반해 시작했던 어릴 적 꼬마여자 아이의 모습, 그리고 부모님의 반대를 무릎쓰고서라도 태권도학과에 지원하며 고집을 부렸던 나의 지난 과거를 회상해 본다. 지난 나의 스토리는 내 의지였다. 그 의지를 위해 이끌어 준 것은 보이지 않는 이끌림의 힘이었다. 만약, 내가 가정을 위해서 나의 일을 포기했다면… 지금의 나는 절대, 존재하지 않았을 것이다. 가고자 하는 일에 대한 명확인 신념과 목표가 있다면, 가정과의 협력과 충분한 이해가 필요하다.

분명히 어떠한 상황이든지, 장점과 단점은 공존한다. 어떻게 결정이 어려운 순간에 모든 것을 행복으로 누릴 수는 없다. 어느 방향을 선택하든지, 아쉬움과 희생은 분명히 존재한다. 그것을 감당해나갈 수 있는 정신과 어려움은 스스로 짊어져야 하는 숙제와도 같다. 그리고 가족들이 나를 믿고 이해해주며 지지해 주는 만큼 더욱 성장하는 모습을 보여주겠노라고 다짐했다.

도장에서는 루틴대로 운영이 돌아가도록 체계를 만들었다. 사범님들과의 역할 분담, 수업 시스템화, 정기적인 회의로 내가 자리를 비워도 무너지지 않는 구조를 다져나갔다. 죄책감과 자책을 이겨내는 방법이었다. 아이들과의 시간을 줄이게 될 때면 "내가 너무 일에만 집중하는 건 아닐까?"라는 죄책감이 든다. 반대로 도장의 일에 조금 소홀해지면 "내가 지도자로서 미흡한 게 아닐까"라는 자책이 찾아온다. 하지만 시간이 지나면서 알게 됐다. 죄책감은 내가 그만큼 진심이라는 증거라는 것. 자책은 더 잘하고 싶다는 책임감의 다른 얼굴이라는 것. 그래서 나는 스스로에게 말한다.

"지금 이 순간, 최선을 다하고 있다면 괜찮아."

완벽한 균형이 아니라, 흔들려도 다시 중심을 찾는 것이 진짜 균형이라고. 엄마의 마음으로 관장이 되고, 관장의 마음으로 아이를 키운다.

도장의 아이들은 내게 또 다른 자식이다. 그 아이들의 눈빛을 보며 가르침을 고민하고, 부모님의 마음을 헤아리며 교육의 방향을 세운다. 그 경험은 내 자녀를 키울 때에도 그대로 스며든다. 아이에게 단순히 공부나 성적보다, 사람 됨됨이와 삶의 태도를 먼저 가르치게 된다. 역으로, 내 아이를 통해 배운 감정과 상황 대처 능력은 도장에서 큰 도움이 된다. 네 명의 자녀를 오래 관찰해온 엄마의 시선은, 도장에서 만나는 많은, 아이들을 세심하게 이끌 수 있는 지도자의 눈이 되었다.

지금 내가 도장 경영을 통해 성장할 수 있었던 이유 중, 큰 힘이라고 하면, 이제는 우리 네 명의 자녀들이 있었기에 가능했다고 자신 있게 말할 수 있다. 워킹맘으로서 항상 가장 큰 숙제는 균형을 잡는 훈련이다. 균형이란 늘 우선순위의 선택이고, 그 선택에 있어 언제, 어떻게, 어디에 우선순위를 정해야 할지도 중요하다. 삶의 균형은 매우 중요하다.

가끔은 마음이 아프고, 미안하지만 나는 아이들에게 말한다.

"엄마는 너희가 자랑스러워할 수 있는 삶을 살고 싶어. 그래서 노력하고 있어."

그 말에 아이들이 고개를 끄덕이며 미소 지을 때, 나는 이 길을 잘 가고 있다는 확신이 든다.

관장의 한마디

"엄마와 관장이라는 삶의 균형을 이룰 수 있는 것에 대한 정답은 없다."

엄마와 관장, 두 개의 이름은 서로를 방해하는 것이 아닌, 오히려 서로를 단단하게 지지해 주는 또 하나의 기둥입니다. 완벽하지 않아도 괜찮습니다. 균형은 흔들리면서도 중심을 잃지 않으려는 마음에서 나옵니다. 오늘도 두 이름 사이를 오가며 살아가는 엄마라면, 충분히 잘하고 있다고 스스로를 아낌없이 격려해 주길 바랍니다.

자녀교육에 태권도 정신 적용하기

 첫 아이 7세가 되던 해 태권도장에 등록해야 할 시기가 되어 고민에 빠졌다. '어느 도장에 보낼 것인가'이다. 당연히 관장인 엄마가 가르쳐야 한다는 인식을 가질 수도 있지만, 태권도 스승님을 만들어 주고 싶었다. 그리고 나는 한 걸음 물러서는 용기를 선택했다. 왜냐하면, 나의 자녀를 위해서였다.

 만약, 나의 자녀와 도장의 제자와 함께, 수련을 할 수밖에 없는 환경에서 오해가 될 만한 일이 생긴다면 내 자녀보다는 도장 제자의 편을 들 수밖에 없는 상황이 생길 수 있겠다는 생각이 들었다. '내 자녀에게는 억울하고 상처가 되는 일이 생기지 않을까'라는 염려가 들었다. 그리고 엄마와 관장님 사이에서 혼란이 있을 수 있겠다는 생각에 우리 아이만의 스승님을 만들어 주자고 다짐했다.

초등학교 입학 전 6세~7세는 매우 중요한 시기이다. 자녀가 초등학교 입학을 하게 되면 독립적, 자립적으로 해내어야 하는 활동들과 마주한다. 어린이집, 유치원과는 전혀 다른 환경에 적응해야 한다. 그렇기에, 초등학교 입학 전 시기인 6세~7세는 도장에서 사회성을 기르고 질서와 태도 그리고 다양한 기질을 가진 아이들과 대인관계능력을 훈련할 수 있는 지혜를 기를 수 있다.

"아이들은 왜 태권도를 해야 할까요?"

나는 이 질문에 늘 같은 대답을 한다.

"태권도는 인간으로서 마땅히 갖춰야 할 태도와 중심을 잡아주는 무기이기 때문이다."

도장 안에서는 수련(修練)이라는 과정이 존재한다. 도장에 오는 제자들에게 단지, 운동이나 놀이의 목적이 아닌, 태권도라는 과정을 통해 '몸과 마음을 갈고 닦는다.'라는 의미를 꼭! 전해준다.

수련생 제자들에게는 듣는 귀와 보는 눈. 그리고 생각하는 머리와 진심을 담는 마음의 그릇이 있다. 어떻게 보고, 어떤 이야기를 듣고, 어떠한 생각을 할 수 있게 하느냐는 매우 중요하다. 가정에서만의 교육으로는 자녀들은 건강하게 성장할 수 없다. 학교, 도장, 가정의 모든 환경이 아이들의 건강한 성장을 위해 끊임없이 노력해야 한다.

첫째 아이가 태권도를 시작할 무렵, 나는 이미 도장을 운영하면서 수많은 아이들을 지도하고 있었다. 나의 교육 철학과 방식에 대해 누구보다 자신 있었지만, 유독 내 아이만큼은 객관적인 시선과 다른 영향력 아래 성장해 보길 원했다. 그래서 마음속으로 다짐했다.

"내가 가르치지 않겠다. 좋은 스승님을 찾아주자."

그 선택이 때로는 내 마음을 흔들기도 했다. 시간이 흐르면서 깨달았다. 부모의 간섭 없는 배움, 바로 그것이 진짜 수련의 시작이었다.

　스승의 영향력은 곧 아이의 방향을 결정하는 것과 같다. 태권도를 하며 만나는 사범님은 단순한 기술 전달자가 아니다. 그 사범님의 언어와 태도, 표정과 철학이 아이의 마음과 삶에 깊이 뿌리내리게 된다. 그래서 어떤 스승을 만나는지가 곧 아이의 미래를 결정짓는 요소가 될 수 있다. 내 아이들이 만난 사범님들은 따뜻함과 배려 그리고 힘보다는 마음의 중심을 가르쳤고, 빠른 기술보다는 바른 자세를 중요하게 여겼다. 나는 그분들께 감사한 마음을 전하며 한발 물러서 있었다.

　가끔은 내가 가르치고 싶다는 생각도 한다. 솔직히 고백하자면 말이다. 나도 부모다. 수련 과정에서 겪는 아이의 힘겨움, 심사장에서 실수하는 장면 하나하나가 내 가슴에 박힐 때가 있다. 그럴 때면 '차라리 내가 가르쳤으면… 저런 일은 없었을 텐데.' 그러나 곧 마음을 다잡는다. 지금 아이가 배우는 건 태권도 기술이 아니라, '삶을 견디는 태도'라는 것을 말이다. 지금 이 과정을 통해, 아이도 성장하고, 나 또한 진짜 부모가 되어가고 있음을 느낀다.

　부모가 스승을 신뢰하는 모습은 아이에게 자기 주도적인

훈련 태도로 이어졌고, 아이들은 자연스럽게 태권도의 정신을 내면화해 갔다. 즉, 스승의 영향력은 곧 아이의 방향을 만든다는 것을 전하고 싶다. 우리 아이들을 위해 바른 지도로 이끌어 주신 관장님, 원장님, 사범님들께 진심으로 감사드린다.

태권도의 정신은 가정에서도 이어져야 함을 갖는다. 도장에서만 지켜져야 하는 것이 아니다. 예를 들어, 집 안에서도 존중과 예의, 절제와 인내의 훈련은 계속되어야 한다. 나는 가정에서도 아이들에게 태권도에서 배운 것을 삶으로 연결하길 원했다. 식사 전 감사 인사, 형제·자매를 배려하는 행동, 부모님께 드리는 인사, 정리 정돈하는 습관, 이런 작은 습관 하나하나가 도장 안에서와 이어지는 '삶의 태권도'가 되어주기를 바랐다. 그리고 그 소망은 하나씩 현실이 되어갔다.

모든 상황이 완벽할 수는 없다. 하지만, 나는 나의 선택에 있어 후회보다는, 참 잘했다는 생각이 든다. 도장에서 바르게 배운다. 그리고 가정에서도 같은 마음과 뜻으로 인도한다면 긍정적인 영향은 반드시 이뤄진다. 더뎌도 괜찮다. 꾸준함과 믿어주는 마음이 필요하다. 그렇게 나는 네 명의 자녀들을 위해 도장에 오는 제자들을 위해 오늘도 내일도 격려한다. 아쉬움이 있더라도 끝까지 믿어주는 힘은 절대 놓지 말아야 함을 다짐한다.

관장의 한마디

"태권도는 부모가 아이에게 줄 수 있는 최고의 삶의 무기다."

그 무기를 휘두르지 않고, 손에 쥘 수 있게 돕는 것. 그것이 진짜 부모이자 교육자의 태도입니다.

가족은 가장 든든한 성장의 열쇠

"관장님은 힘들 때 어떻게 극복하시나요?"

내가 많이 받는 질문 중 하나이다.

지도자의 길을 걷다 보면, 생각지도 못한 고난과 시련을 마주할 때가 있다. 그럴 때면, 순간 아프고 외롭고 답답한 마음이 든다. 하지만, 그 상황을 길게 마주하고 싶지 않아 최대한 벗어나려고 노력한다. 슬퍼하고 아프고 외로운 시간이 상황을 해결해 주지 않기 때문이다. 그리고 가족을 떠올리며 다시 일어선다.

관장님에게 가족은 어떤 존재인가요? 라고 묻는다면,

"제가 넘어지지 않도록 가장 단단한 뿌리가 되어주는 사람들입니다."

라고 말하고 싶다.

가족은 내가 넘어져도 실패해도 기다려주는 존재이다. 나는 네 아이의 엄마이지만, 아이들에게는 또 다른 엄마와 같은 분이 계신다. 든든한 버팀목으로 묵묵히 손주들의 양육을 도와주시는 친정어머니시다. 도장 경영으로 못다 한 집안일이며, 급한 아이들의 일정에 직접 참여하며 도움을 주신다. 어쩌면, 어머니의 힘으로 나 또한, 도장 경영자로서의 업무를 잘 해내고 있는지도 모른다.

아이들이 태어나서부터 부모님은 나를 위해 기꺼이 희생하고 계신다. 아버지는 차량 운전기사로 어머니는 아이들 교육과 가사를 돌보신다. 부모님은 먼저 경험한 육아 선배이다. 그리고 아이들에게는 온전한 사랑을 주시는 할머니시다. 그래서 더욱 든든하고 믿음이 간다. 태권도장을 운영하면서 수많은 도전과 위기, 감정의 소용돌이를 겪었지만, 그 중심에는 늘 묵묵히 기다려주시는 부모님이 계셨다.

처음 도장을 열었을 때도, 화재가 일어났을 때도, 경매로 잃었을 때도, 코로나로 생계를 위해 새벽 물류센터에 나섰을 때도, 내가 가장 먼저 생각했던 건 '우리 아이들에게 밥을 먹일 수 있을까?'였고, 가장 두려웠던 건 '가족의 기대를 저버리게 될까 봐'였다. 그런 상황 속에서 가족은 묵묵히 기다리고 기도로 두 손을 모아줬다. 부모님은 내 걱정이 눈에 가득하지만 늘 "네가 잘할 거다"라고 믿어주셨다. 이처럼 내 가족은 말없이 뒤에서 등을 밀어주는 바람이고, 내가 더 높이 날 수 있도록 밀어주는 든든한 지원군이다.

도장을 운영하면, 수많은 선택의 갈림길에 서게 된다. 사업을 확장할 것인가, 아니면 잠시 멈출 것인가. 직원을 줄일 것인가, 계속 안고 갈 것인가. 그리고 가정 안에서도 엄마로서의 역할과 아내로 서의 책임 사이에서 균형을 잡기 위해 수없이 흔들렸다. 하지만 그럴 때마다 나를 중심에 붙들어주는 건 내게 있어 가장 소중한 보물 네 자녀였다.

"엄마가 관장님이라서 좋지."
"엄마는 관장님일 때가 멋있어요."
라며 응원해준다.

도장에서는

"관장님~힘내세요!"
"관장님~ 저희 아이가 관장님 같은 사람이 되고 싶대요."

  작은 따뜻한 말 한마디가 눈물로 흘러내리고, 그 눈물이 다시 나를 달리게 하는 연료가 되었다. 나는 안다. 내 도장 안의 태권도는 나 혼자 만든 것이 아니다. 무수한 날들을 함께 버텨준 가족이 있었기에 가능한 일이었다. 또한, 곁에서 묵묵히 같은 마음으로 함께 길을 걸어준 도장 가족. 사범님들이 있었기에 버티고 이겨냈다.

  도장의 힘이 되는 또 하나는, 맘스 제자들로 구성된 학부모님들이시다. 내게 와서 태권도를 시작하겠다고 마음먹고 하얀 띠부터 지금까지 묵묵히 함께 걸어오신 맘스 어머님들. 도장 행사가 있으면 너도나도 서슴없이 당신의 일처럼 도와주신다. 그리고 맘스 태권도장 티셔츠를 자랑스럽게 입고 다니시며 "관장님~저희 홍보대사예요~"라며 웃음과 힘을 더해주신다. 이렇게 도장을 위해 관장님을 보고 믿고 함께해주시는 정성 하나하나가 내게는 더 없는 힘이다.

또한, 더 없는 든든한 존재가 있다. 도장의 환경을 묵묵히 지키며 아이들의 교육에 헌신하는 도장 사범님들. 그들이 없었다면, 마음을 모으지 못했다면, 도장 대표인 내가 나아가고자 하는 방향에 대해 동의하지 않았다면, 절대 성장은 없었을 것이다. 그리고 어려운 상황에서도 다시 일어서지 못했을 것이다. 서로를 존중하는 마음은 제자들에게 본보기가 된다.

하루 12시간 넘게 도장에 있다가도, 집에 돌아가면 "엄마다! 오늘 어땠어요?", "엄마, 오늘은 무엇을 가르쳤어요?"라고 물어보며 격려하는 아이들. 때론, 딸의 건강과 체력을 위해 퇴근 후 먹으라며 건강식을 해두시며 정성을 쏟으시는 어머니. 집안일도 벅찬데 손수 정성과 사랑으로 도움 주시는 어머니. 참으로 감사하다.

나는 가정에서는 무뚝뚝하고 잘 표현하지 못하는 딸이다. 표현하지 않아도 나를 가장 잘 아시고 이해하시며 품으시는 엄마! 항상 변함없이 응원하며 지켜주시는 그 마음과 정성에 나는 오늘도 내일도 열심히 달린다. 그들의 손길 하나하나가 나를 오늘의 자리로 이끌었다.

나는 이제 이 책을 통해 말하고 싶다. 진정한 리더는, 혼자서 외롭게 세우는 존재가 아니다. 가족의 지지와 응원이라는 뿌리가 있을 때, 비로소 단단한 나무로 자라날 수 있다. 그 나무가 도장을 지키고, 제자들을 품고, 사회에 그늘을 만들어 주는 것이다.

관장의 한마디

"가족은 나의 뿌리이자 날개이다."

내가 다시 일어설 수 있었던 건 누군가가 뒤에서 나를 조용히 붙들어주었기 때문입니다. 가족이라는 이름은 세상에서 가장 강한 버팀목이며, 가장 따뜻한 위로입니다. 혼자라고 느껴질 때, 가장 가까운 곳에 있는 가족을 바라보세요. 그곳에 당신을 다시 일으켜 세울 힘이 있습니다.

Part 7

미래를 향한 도약

여성 태권도 8단의 의미

"지도자는 제자의 거울이 되어야 한다"

 태권도는 단순한 무술을 넘어 삶의 태도이며, 그 길을 걷는 지도자에게는 언제나 '본보기'가 되어야 할 책임이 따른다. 그 책임은 언제나 말이 아닌 '행동'으로 증명되어야 하며, 지도자의 자세와 태도 하나하나가 제자들에게 가르침으로 남는다.
 나는 여성 태권도 사범이자 도장 관장으로 20년이 넘는 세월 동안 수많은 아이들을 지도해왔다. 그 과정 속에서 나는 늘 제자들에게 말해왔다.

"너희는 할 수 있어. 끊임없이 도전하고 끈기와 인내로 멈추지 않는다면 결국 이루게 될 거야."

그 말을 나는 나 자신에게도 매일 되새긴다. 지도자는 말로만 가르치는 사람이 되어서는 안 된다. 누구보다 앞서 실천하고, 그 과정을 견뎌내며, 자신을 증명해 보여야 한다. 그래서 나는 여성으로서의 신체적 한계를 넘어서고, 나 자신이 제자들에게 진짜 태권도인의 삶을 보여주기 위해 '8단'이라는 도전에 나섰다.

태권도 8단. 그것은 단순히 숫자 하나를 더 얻는 것이 아니었다. 수련의 시간, 땀과 인내, 그리고 끝없는 자기 점검의 시간이었다. 누구도 대신해 줄 수 없는 싸움이었고, 누구에게도 드러낼 수 없는 고독한 과정이었다. 하지만 그 모든 시간을 견디며 나는 더욱 단단해졌다. 그리고 드디어, 나는 여성 태권도 사범으로서 태권도 8단의 자격을 취득했다.

8단의 합격 소식을 듣고, 그동안에 내가 태권도로 이겨냈던 삶들이 주마등처럼 흘러갔다. 눈물이 났다. 그리고 감사의 기도를 드렸다.

"하나님, 감사합니다."

8단 취득 후, 나는 예상하지 못한 반응을 마주했다. 학부모들은 나를 더 신뢰하게 되었고, 제자들은 "우리 관장님이 진짜 멋지다"고 말하며 내 도전을 마음속 깊이 새겼다.
지도자의 끊임없는 성장과 도전은 아이들에게 보이지 않는 언어로 전달된다.

"우리 관장님도 계속 연습하고 도전하잖아요. 저도 할 수 있어요. 관장님처럼 할래요."

이 말이 얼마나 벅차고 감사한지 모른다. 여성 지도자로서의 길은 결코, 쉽지 않다. 체력의 한계, 육아와 가사, 도장 운영이라는 삼중고 속에서도 나는 "포기하지 않는다."라는 각오로 버텼다.
여성이라는 이유로 누군가는 나의 도전을 낮게 보았지만, 나는 결과로 말했고 지금도 그렇게 말하고 있다. 그리고 나는 여기서 멈추지 않을 것이다. 8단 이후에도 나는 끊임없이 수련하고 있다. 제자들에게는 늘 말한다.

"지금 이 도장에서 나와 함께 수련하는 이 시간이 부끄럽지 않은 자신의 삶을 만들고 있어."

그 말은 동시에 나 자신에게도 하는 말이다. 내 삶도, 이 길도, 지금, 이 순간의 선택과 연습이 만든다는 걸 알고 있다고 말이다.
제자들에게 항상 외치며 전하는 나의 신념과 같은 이야기가 있다.

첫째, 예의를 갖춰라. 예의는 상대방에 대한 존중과 배려의 표현이다.

둘째, 긍정적인 마음을 가져라. 긍정적인 마음은 어려움 속에서도 이겨낼 수 있는 힘을 발휘한다.

셋째, 좋은 사람을 가까이해라. 친구든, 선생이든 누구와 함께 있고 누구와 이야기 하느냐에따라 그 환경이 주는 영향력은 자신의 가치를 높여준다.

넷째, 말과 행동을 분별하라. 어느 상황에서든지 말과 행동을 가려 할 때 너의 가치는 빛나며 기회와 행운이 온다.

다섯째, 겸손하라. 자신이 배운 것을 반복 훈련하며 노력한다는 것은, 겸손의 자세로서 가장 중요한 태도이다. 자만과 교만이 아닌, 겸손한 태도에서 자신의 성장과 발전은 반드시 이뤄진다. 겸손한 사람은 언제나 배움의 자세를 놓지 않는다.

여성 지도자로서의 나의 도전은 끝나지 않았다. 지금도 매일 책을 읽고 필사를 하며 도장 제자들을 위해 연구한다. 무엇을 전할 수 있을까, 무엇을 가르칠까, 어떻게 하면 교육을 통해 긍정적인 변화를 줄 수 있을까, 정신적. 신체적 건강은 물론이다. 더욱 중요하게 전하고 싶은 가치와 신념을 위해 나는 매일 나와 싸운다. 그리고 나의 도전들은 제자들에게 삶의 태도로 보여준다. 제자들은 나의 뒷모습을 보며 그 길을 따라올 것이다.

매일 바라고 간절한 나의 외침이 있다. 태권도장의 건강한 문화 환경을 전하는 것이다. 그리고 다음 세대들에게 그 문화가 잘 전해질 수 있길 바란다. 나는 오늘도 내일도 앞으로도 도복과 띠를 놓지 않고 도장에서 나를 갈고 닦는다. 앞으로의 세대, 그리고 제자들에게 부끄럽지 않도록 말이다.

관장의 한마디

"지도자라는 것은 제자들에게 미래가 될 수 있는 존재여야 한다."

내가 먼저 도전하고, 내가 먼저 포기하지 않을 때, 제자들은 믿음을 얻고 삶을 배웁니다. 내게 있어 8단은 끝이 아니라 시작입니다. 나의 도전이 또 다른 누군가에게 시작이 되길 간절히 바랍니다.

세계 무대로 나아가다:
중국 초청 공연과 국제 교류

"태권도는 국경을 넘는다."

태권도가 한국을 대표하는 무도이자 세계적인 스포츠라는 것을 머리로는 알고 있었지만, 내가 이끄는 시범단이 국제 무대에서 공연을 하게 되리라고는 상상도 못했다. 중국에서 열리는 유소년 생활체육 태권도 대회장에서의 오프닝 시범 공연 기회에 초청이 되었다. 이번 기회의 시작은 시범단원들에게 세계 무대에 설 수 있는 약속이었다. 태권도장이 한국의 전통 태권도 시범을 현지 도장과 교육 기관에 소개할 수 있는 기회는 흔치 않다.

시범단을 창단하고 첫 번째 목표는, 단원들의 태도와 실력 향상. 두 번째 목표는 도장 안에서의 시범 공연을 통한 태권도 가치 구현. 세 번째 목표는 지역 대회 출전의 기회를 통한 성장. 네 번째 목표는 전국 대회 출전. 다섯 번째 목표는 지역 사회에 기여 할 수 있는 시범 공연의 기회. 그리고 마지막이 국제 교류를 통한 국위선양 및 태권도 가치를 전하는 일이었다. 첫 도장에서 '독수리 오형제' 시범단을 시작으로 그때의 시작은 미약하였다. 하지만, 나중에 창대하리라는 믿음으로 품어왔던 일들이 실현되었다. 그리고 그 약속은 단원들에게 전해졌다.

내게 있어 강점이자 장점이라고 하면 실행하고자 하는 추진력이다. 하겠다고 마음먹은 일은 어떻게든지 '꼭! 이뤄낼 거다.'라는 신념이 있다. 하지만, 개인적인 일이 아닌, 도장 운영에 있어서 혼자서는 절대 이룰 수가 없다. 시범단원들의 역량을 위한 것과 동시에 해외 문화교류는 절대 쉬운 일이 아니다. 안전과 책임, 그리고 단원들의 기량을 통해 국위선양이라는 막중한 임무가 주어지는 일이다. 학부모님의 동의를 얻어야 하고 지원을 받아야 한다.

그리고 도장 업무에 차질이 생기지 않도록 해외문화 교류

기간 동안 관장의 부재한 자리를 문제가 없도록 만들어야 한다. 빈자리가 느껴지지 않도록 추가 인력으로 보완해야 했다. 다행히도 내게는 유단자 맘스 어머님 제자들이 있다. 학부모이면서 가정에서는 엄마다. 세심한 관찰과 아이들의 헤아림은 누구보다도 강하다. 보조 인력 또한 문제없이 준비를 마치었다.

6개월 전부터 출국 날짜를 확인하고 항공권 예약을 하고 그 순간, 떨림과 동시에 깊은 책임감이 밀려왔다. 현장 상황은 통역 가이드를 통해 자주 소통했다. 그리고 그 과정을 참여하는 시범단원 부모님들과 지속적으로 공유하며 신뢰를 드렸다. 준비 기간 동안 나는 계속 고민했다.

"과연, 세계 무대에 설 준비가 잘 될 수 있을까?"

하지만 나는 안다. 위대한 일은 늘 질문과 두려움에서 시작된다는 것을. 또한, 기회는 준비된 자에게 온다는 것을 안다.
국제 초청은 단순한 '공연'이 아니라 하나의 사명이었다. 단원들은 한국을 대표해 태권도의 정신과 품격을 보여주어야 했다. 하루하루 훈련은 더 정교하고 치밀하게 이루어졌다. 기술적인 완성도뿐 아니라 태도, 예의, 질서, 호흡, 눈빛까지 점검했다. 아이들은 그 의미를 충분히 알고 있었다. 단순한 여행이 아니라, 국가를 대표하는 태권도 사절단으로 간다는 사실을 반복하여 전하고 교육했다.

준비하는 그 여정은 쉽지 않았다. 비용 문제, 일정 조율, 준비물, 언어의 장벽, 낯선 환경에 대한 두려움까지. 하지만 이 모든 것을 가능하게 해준 건 하나였다. 사범님들의 헌신적인 지도와, 부모님들의 전폭적인 신뢰와 지원이다. 아이들의 안전과 일정 하나하나까지 협의해가며, 하나 된 마음으로 준비했다. 이 경험은 도장이 하나의 진정한 '공동체'라는 사실을 다시금 깨닫게 해준 소중한 시간이었다.

모든 일에 있어 서로의 믿음이 없다면 절대 이뤄질 수 없는 일이었다. 출국 직전까지 준비사항과 안전 수칙, 그리고 공항까지 이동 수단 과정으로 모든 것들을 하나하나 긴장감 속에서 준비했다. 관장이 맡았던 업무를 다시 반복 점검하고 도장을 지켜줄 사범님에게 하나하나 표로 만들어 잘 보이는 곳에 붙이고 체크 할 수 있게 전했다.

3박 4일간의 일정을 위해 모든 만반의 준비를 하고 긴장의 연속 속에 무사히 중국에 도착했다. 첫 일정에는 중국 현지 대회장에서 리허설을 진행했다. 현장에 있는 현지 지도자들이 신기한 듯 보았다. 단원들도 서보지 못한 해외에서의 공연에 긴장한 듯했다. 리허설도 실전 못지않게 최선을 다하며 준비했다. 드디어, 다음날 일찍, 만반의 준비를 마치고 대회장으로 이동했다. 대회장에 참여한 중국 현지 태권도 수련생들이 우리를 신기한 듯 쳐다보았다. 대회장에서는 대한민국 대표 관장으로서 축사의 기회가 있었다. 현지 대회장에 출전한 선수들의 용기 있는 도전과 성장을 격려하며 축사했다.

중국 현지 무대에서, 단원들은 마음을 모았다. 시작 직전 동그랗게 원으로 대형을 만들고 '시범단! 파이팅!'을 외쳤다. 중국의 환경은 우리나라와 환경이 다르다. 숨죽여 지켜보는 가운데에서 우리는 아랑곳하지 않고 최선을 다해 시범을 펼쳤다. 관객의 박수와 환호, 감탄이 쏟아졌다. 그 순간, 우리는 단지, 공연을 한 것이 아니라, 한국 태권도의 정통성과 아름다움을 전한 외교사절이었다. 감회가 남달랐다. 시범 공연을 마치고 격려했다. 제자들이 너무나도 자랑스러웠다.

다음날, 초청 도장에서 현지 아이들과 교류하며 함께 호흡하는 체험 클래스 시간을 가졌다. 단원들이 주축이 되어 시범을 보이고 함께 땀 흘리며 훈련했다. 현지 도장에는 하얀

띠 6세~7세로 보이는 어린아이부터 성인까지 함께 참여 했다. 언어는 달라도 태권도라는 수련을 통해 하나라는 마음으로 함께 했다. 즉, 통할 수 있다는 것을 깨닫는 시간이었다. 단원들에게 잊지 못할 경험이 되었다. 단원들의 반짝이는 눈동자는, 그저 기술을 배우는 제자가 아닌 세계 속에서 자신을 발견한 대견함과 자신감의 눈빛이었다.

이번 국제 문화 교류가 단원들에게 기회와 경험일 수도 있지만, 부모님들에게는 깊은 감동을 드리는 계기가 되었다. 어린아이만 같았던 당신의 자녀들이 '태권도'라는 힘으로 뭉쳐 타국에서 큰 업적을 세우고 온 것이다.

"관장님, 저희 아이가 태권도를 통해 이렇게 성장할 줄은 몰랐어요."

"좋은 기회로 자신감을 가질 수 있게 해주셔서 감사해요."

"어린아이만 같았는데 부모와 떨어져서 꿋꿋하게 해내고 오니 너무 기특합니다."

부모님들의 찬사와 감격은, 태권도를 가르친 지도자로서 더없이 큰 보람이자 감동이었다. 세계는 넓고, 우리의 도전은 계속된다. 이번의 국제 교류는 끝이 아니라 시작이다. 우리는 알게 되었다. 도장 안에서의 수련이 결국 세상과 소통할 수 있는 도구가 된다는 것을 말이다.

아이들은 무대 위에서 자신을 돌아보고, 세계를 향한 자신감을 키웠다. 지도자인 나 역시 이 경험을 통해 '더 넓은 무대에서 태권도의 가치를 어떻게 전할 것인가'에 대한 사명을 다시 마음에 새겼다. 앞으로도 우리는 계속 나아갈 것이다. 중국을 넘어, 다른 나라와의 교류도 꾸준히 이어갈 계획이다. 아이들의 성장을 위한 도전의 무대, 태권도의 가치와 철학을 알릴 수 있는 국위선양의 자리라면 어디든지 달려갈 준비가 되어 있다.

관장의 한마디

"태권도는 기술이 아니라 철학이고, 교육이다."

그 철학이 세계와 만나면 감동이 되고, 감동은 국위를 드높이는 힘이 됩니다. 내일의 지도자는 세계를 향해 가르치는 사람이 아니라, 함께 배우고 느끼는 사람입니다. 그리고 우리 아이들은 지금, 그 여정을 걷고 있습니다."

다음 세대 지도자를 위한 나의 철학

"지도자는 만들어지는 존재다."

시간이 쌓이고, 책임이 더해지며, 태도가 무르익을 때 비로소 지도자의 길이 열린다. 나는 오랜 세월 태권도를 가르치고 도장을 운영하며 수많은 제자와 마주해왔다. 아이들이 반짝이는 눈빛으로 "관장님처럼 되고 싶어요"라고 말할 때, 나는 늘 마음속으로 되묻는다.

"부끄럽지 않게 잘하고 있지?!"

전국에는 1만 1천여 개의 태권도장이 있다. 도장을 운영하는 지도자의 철학과 신념에 따라 도장의 환경은 매우 다르다. 어떠한 도장, 즉. 어떤 지도자를 만나느냐에 따라 배움의 과정 또한 다르다. 그리고 그 환경에서 배운 대로 아이들은 성장한다. 가정에서도 마찬가지다. 부모가 말하고 행동하는 것에 따라 아이들은 닮아 간다. 그 환경에 익숙해지고 훈련되는 것은 어쩌면 당연하다. 그래서 부모든, 선생이든 '누구와 함께 있느냐'는 그 순간을 넘어 먼 미래의 가치를 만들어 내는 일과 같다.

내 도장에 오는 제자들에게는 꼭! '잘 가르치자!', '좋은 언어와 행동을 선택하도록!', '절제와 인내심을 가질 수 있도록!', '상대방에 대한 배려와 존중을 가르치자!'. 단지, 내 도장에 오는 수련생들에게는 선한 영향력이 더해지길 바라는 마음이다. 그렇다면, 가장 중요하게 고민하고 노력해야 하는 것이 있다. '나는 과연 그 말에 어울리는 사람인가?', '나는 제자들에게 당당한 지도자로서 모범이 되는가'이다.

지도자는 무엇으로 세워지는가. 내가 믿는 지도자의 철학은 세 가지 축 위에 놓여 있다.

본질. 모범. 책임.

첫째, 본질을 지키는 사람이어야 한다. 즉, 지도자는 유행을 따르기보다 '본질'과 '정통'을 지켜내야 한다. 태권도의 본질은 정직한 품성과 절도 있는 몸가짐, 그리고 타인을 존중하는 마음이다. 그 정신이 흐려지면, 아무리 화려한 기술과 성과가 있어도 지도자의 자격은 없다.

다음 세대의 지도자는 유행이 아닌 정통을 바르게 이어가며 정신을 가르치는 사람이어야 한다.

둘째, 말보다 삶으로 가르치는 사람이어야 한다. "가르침은 말이 아니라 태도에서 비롯된다." 나는 이 말을 오래도록 가슴에 되새기며 살아왔다. 도장에 가장 먼저 출근하고, 가장 늦게 퇴근하며, 누구보다 먼저 움직이고, 누구보다 먼저 반성하는 삶. 그것이 아이들에게 보여줄 수 있는 최고의 교육이었다. 지도자는 가르치는 자가 아니라, 먼저 살아내는 자여야 한다. 그 삶이 말하지 않아도 제자들에게 깨달음과 가치로 전해지기 때문이다.

셋째, 지도자는 무게를 감당할 수 있는 사람이어야 한다. 지도자는 비판의 대상이기도 하며, 때로는 불합리한 상황에서도 침묵하며 기다려야 한다. 자신의 판단으로 누군가의 인생을 이끄는 자리는 가벼운 마음으로 설 수 있는 자리가 아니다. 제자의 미래, 학부모의 기대, 사범들의 삶. 그 모든 무게를 신념과 책임으로 받아들이는 자이다. 어려운 상황이 오더라도 흔들리지 않도록 중심을 잡아야 한다. 옳고 그름에 대한 구별된 행동을 통해 자신이 가진 사명을 감당해야 한다.

'다음'을 생각하는 지도자가 되기를 바란다. 바로 눈앞에 보이는 것만을 따라가는 것이 아닌, 먼 길을 보며 앞장서 포기하지 않는 삶을 바란다. 나는 태권도를 통하여 아이들이 '몸을 단련하는 것'을 넘어서, '삶에 영향력 있는 사람'으로 성장하길 바란다. 그래서 지도자란, 단순히 기술을 가르치는 사람이 아니라 삶의 태도를 보여주는 사람이라 생각한다.

지도자의 삶을 통해 제자들이 배움을 얻고 '나도 사범님처럼 되고 싶다.'라는 마음을 갖는다면 선한 영향력을 전해주는 것이다. 다음 세대 지도자들, 당신에게 묻고 싶다. 당신은 지금 누구를 따라가고 있는가? 당신은 제자들에게 어떤 어른으로 보이고 싶은가? 당신은 어떤 방식으로 삶을 가르치고 있는가? 제자들에게 당당한 삶을 보여주고 있는가? 당당한 가르침을 전하고 있는가? 태권도 교육이라는 뜻을 전하고 싶기에 그 자리에 있는 것이다. 즉, 사람 교육을 전하는 삶을 보여줄 수 있어야 '사범(師範)'이라고 말할 수 있다.

태권도 지도자는 운동선수가 아니다. 인생을 가르치는 스승이다. 말 한마디, 눈빛 하나, 제자의 실수를 바라보는 태도 하나하나가 제자들의 인생에 깊은 흔적을 남긴다는 사실을 잊지 말기를 바란다. 나의 지도자 여정은 아직 끝나지 않았다. 여전히 나는 배우고, 넘어진다. 그리고 다시 일어선다. 8단이라는 타이틀은 나에게 '완성'이 아닌 '새로운 시작'이었다. 내가 멈추는 순간, 제자들의 가능성도 멈춘다는 사실을 알기에, 오늘도 나는 매일 도복을 입고, 땀 흘리며, 고민하고, 기록한다. 이 철학이, 지금 이 글을 읽는 누군가에게 새로운 도전의 불씨가 되기를 소망한다.

관장의 한마디

"지도자는 제자들에게 삶으로 증명하는 사람이어야 한다."

지도자는 제자들을 가르치고 이끕니다. 부끄럽지 않기 위해 누구보다 먼저 배우는 사람입니다. 진정한 지도자는 말로만 앞서는 사람이 아니라, 부지런한 노력과 연구로 제자들을 빛나게 해주는 사람입니다.

정통 태권도의 정신을 지켜나가는 사명과 태도

 세월이 흘러도, 시대가 변해도, 나는 늘 같은 질문을 스스로에게 던진다.

 "나는 왜 태권도를 가르치는가?"
 "나는 왜 이 길을 끝까지 걸어야만 하는가?"

 어릴 적 처음 도복을 입었을 때의 설렘, 발바닥이 시커멓도록, 먼지 날리는 체육관 바닥에서 첫 동작을 따라 하던 그 긴장감, 처음 심사장에 섰을 때 두려움 속에서도 떨리던 심장의 고동. 그 모든 순간이 지금의 나를 만들었다.

이제는 지도자의 자리에 섰고, 수많은 제자들을 가르치며 나는 깨달았다. 태권도는 단순한 기술이나 스포츠가 아니라, 삶을 살아가는 태도라는 것을. 정통 태권도는 단순한 형식이 아니다. 기합을 외치며 몸을 움직이고, 품새와 겨루기를 익히는 과정 안에서 우리는 자신을 절제하고, 상대를 존중하며, 끝까지 포기하지 않는 정신을 배운다. 이것은 바로 삶의 태도로 살아가는 힘을 전해주는 것이다.

지금은 상업적인 흐름 속에서 태권도가 가볍게 소비되거나, '놀이'로만 인식되는 안타까운 현실도 있다. 하지만 나는, 아니 우리는 이 흐름에 저항하며 정통 태권도의 정신을 지켜야 할 의무와 사명을 안고 있다. 정통 태권도의 핵심은 '사람'이다. 단순히 기술을 가르치는 것이 아니라 인간으로서 어떻게 살아야 하는지를 가르치는 일. 타인을 존중하고 어우러질 수 있는 태도를 가르치는 일.

중요하게 짚고 넘어가야 하는 것이 있다. 지도자의 태도이다. 우리는 제자들에게 태도를 강조한다. 지도자의 태도는 수련생의 태도를 만들고, 도장의 문화를 만든다. 내가 예의 바르지 않으면서 제자에게 인사를 강조할 수 없고, 내가 불성실하면서 성실함을 가르칠 수 없다. 결국 '내가 먼저 보여주는 것'이 진짜 교육이다. 지도자가 성실하면 아이도 성실해지고, 지도자가 진심이면 아이도 진심을 배운다. 말보다 앞서는 것이 바로 태도다.

또한, 지도자의 태도는 학부모의 신뢰를 결정짓는 중요한 요소다. 요즘은 누구나 SNS나 유튜브에서 화려한 말과 콘텐츠로 주목을 받을 수 있다. 그러나 아이를 도장에 보내는 부모들은 결국 지도자의 말이 아닌 '평소의 태도'에서 진정성을 본다. 도장에서 아이들을 어떻게 대하는지, 일관성 있는 기준을 가지고 지도하는지, 인격적으로 존중하는지, 좋은 언어를 선택하여 가르치는지, 좋은 태도로 본보기가 되는지를 살핀다. 이는 하루 이틀로 만들어지는 신뢰가 아니다. 시간이 지나도 변하지 않는 태도가 결국 신뢰를 만든다.

흔들리는 시대에 도장은 여전히 중심을 잡아야 할 공간이다. 태권도장이야말로 아이들에게 '존경할 수 있는 어른'을 보여줄 수 있는 곳이며, 그 중심에 선 사람이 바로 지도자다. 우리가 말보다 태도를 먼저 다져야 하는 이유는, 말은 누구나 할 수 있지만, 태도는 훈련된 사람만이 가질 수 있기 때문이다.

태도, 예절, 인성, 존중, 배려… 이 모든 것이 동작 하나하나에 스며들어야 진짜 태권도다.

  이 정신을 지켜내고자 나는 늘 먼저 움직이고, 먼저 배우며, 먼저 행동하는 본보기가 되고자 한다. 지도자는 가장 먼저 실천하는 사람이어야 하기에. 내가 끝까지 지키고자 하는 것은 태권도의 '정신'과 '본질'이다. 어떤 변화가 찾아와도 흔들리지 않는 뿌리. 그 뿌리 깊은 나무가 되기 위해 오늘도 땀 흘리며 제자들의 눈빛을 읽는다.

  정통을 지켜내는 길은 때때로 외롭고 고되다. 하지만 그 길 끝에는 반드시 진짜 제자들, 진짜 가르침이 남는다. 그리고, 훗날 제자들이 바르게 이어갈 거라는 믿음! 그게 바로 내가 이 길을 놓지 않는 이유다. 내가 아니면, 안될 것 같은 믿음! 나 한 명이라도 지켜내고자 하는 신념! 하늘이 내게 내려주신 사명으로 나는 오늘도 내일도 이어간다. 그리고, 훗날 제자들이 시간이 흐르고 난 뒤에도 '태권도 배우길 참으로 잘했다. 참으로 잘 배웠다. 나 자신이 자랑스럽다.'라는 이야기를 한다면, 나는 그것만으로도 참으로 행복할 것이다.

관장의 한마디

"지도자의 태도가 아이들의 미래다."

화려하지 않아도, 반듯하게 지켜내는 태도는 결국 사람을 살립니다. 정통 태권도의 정신은 단순한 기술이 아니라, 제자들의 삶을 일으켜 세우는 본질적인 힘입니다. 그 정신을 지키는 도장은, 길을 잃지 않도록 이끌어 주는 등대가 됩니다. 지도자의 말보다 더 강력한 것은 행동이고, 삶입니다.

말로만 가르치는 것이 아니라, 삶으로 보여주는 지도자가 결국 '지키는 사람'이 됩니다. 아이들의 미래는 지도자의 현재에 달려 있습니다. 그러니 오늘도, 누군가의 미래가 나를 통해 자라고 있다는 책임감으로 반듯하게 살아가야 합니다.

에필로그

  책을 쓰기로 마음먹었을 때, 과연 나도 책을 쓸 수 있을까? 라는 고민이 많았습니다. "써도 될까?" 수많은 망설임 끝에 "그래! 나도 할 수 있다는 걸 보여주자!"라고 다짐하며 도전하게 되었습니다. 국문학 전공자도 아니고, 그렇다고 유명한 작가도 아닙니다. 하지만 저와 같은 길을 걷는 누군가에게 용기를 주는 메신저가 되고 싶었습니다.

  SNS를 시작하며 저의 철학과 사명을 짧은 글로 표현하기 시작했습니다. 그렇게 몇 해가 흐르고, '글쓰는 마스터'로 활동을 시작하며 SNS 안에서 팬들이 생겨나기 시작했습니다.

누군가 제 글을 좋아해 준다는 사실이 참으로 감사했습니다.

도장에서 겪는 수많은 사건 사고들, 그리고 지도자로서 가져야 할 마음가짐과 태도에 대해 글을 이어가면서, 저는 더욱 확고한 메신저가 되고 싶었습니다. 엘리트 과정을 거친 전공자였지만, 도장 경영에 대한 지혜는 전혀 없었습니다. 누군가 가르쳐 주지 않는다면, 부딪히고 넘어지며 딛고 일어서는 경험이 전부였습니다. 태권도 경영학을 제대로 배울 수 있는 과정조차 없었기에, 저는 다짐했습니다.

"나의 경험으로 돕는 자가 되자."

도장 경영 18년. 그 안에서 겪고 인내하며 수많았던 과정들은 어쩌면 누군가에게는 '살아가는 힘'이 될 수 있겠다는 메시지를 전하고 싶었습니다.

오전부터 늦은 저녁까지 도장을 운영하는 지도자로서, 가정에서는 네 아이의 엄마로서, 시간을 쪼개어 글을 쓴다는 것은 결코 쉬운 일이 아니었습니다. 그렇게 수많은 계절을 지나며, 도장에서 아이들과 함께 흘린 땀방울은 단단한 과정이 되어 돌아왔습니다. 도태되지 않기 위해 매일 연구하며 자기 계발을 멈추지 않았습니다.

　세월은 흐르고 시대는 바뀝니다. 저는 트렌드에 뒤처지고 싶지 않았습니다. 지금 순간에도 전국 곳곳에는 열정 넘치는 젊은 관장님들이 많습니다. 그 건강한 에너지로 태권도장이 빛나는 가르침을 전하는 곳으로, 수련생들을 위해 가치 있는 교육의 장으로 실천하길 바랍니다. 그것이 도장 경영 선배로서의 저의 바람입니다.

　저에게는 훌륭하신 스승님들이 계셨고, 도장 경영을 먼저 시작한 좋은 선배님들이 계십니다. 그들의 선한 영향력을 저 또한 이어받아, 대한민국의 소중한 문화유산인 태권도를 정직하게, 온전히 잘 전해주고 싶습니다.

　"가르침은 멈추지 않고, 배움은 끝나지 않는다."

　저는 늘 '가르치는 사람'으로 이 길을 걸었지만, 돌아보면 저는 아이들에게, 부모님들에게, 그리고 저 자신에게 끊임없이 '배우는 사람'이기도 했습니다. 어떤 상황에서든 배우고자 하는 마음과 의지가 있다면 모든 경험은 결국 내게 무기이자 자산이 되는 배움이 됩니다.

저의 가르침과 배움은 아직 끝나지 않았습니다. 앞으로도 도복을 입을 수 있는 날까지, 도장 교육과 건강한 태권도 문화의 가치를 지키기 위해 계속 나아갈 것입니다. 그리고 언젠가 도장에 오는 아이들이 성장하고 어른이 되었을 때도, "태권도장 다니길 정말 잘했어요."라고 말해 준다면, 그보다 더한 행복은 없을 것 같습니다.

책을 끝까지 마칠 수 있도록 격려해 주시고 아낌없는 응원을 보내주신 '더빛 광교 태권도장' 가족 여러분, 많은 응원과 지지로 격려해 주신 선·후배들, 사랑하는 우리 가족, 진심으로 감사드립니다.

2025년 7월
내 생애 관장이자, 작가로서 '이름'을 남길 수 있는
가장 아름다운 날에

조민정 드림

나는 도장에서 인생을 배웠다

발행일	2025년 7월 31일 초판 1쇄
지은이	조민정
펴낸이	황준연
편집 디자인	오형석
펴낸곳	작가의 집
출판사등록	2024.2.8(제2024-9호)
주소	제주도 제주시 화삼북로 136, 102-1004
이메일	huang1234@naver.com
연락처	010-7651-0117
홈페이지	https://class.authorshouse.net
ISBN	979-11-94947-20-2(03190)

· 이 책은 저작권법에 의하여 보호를 받는 저작물이므로 무단 전재와 복제를 금합니다.
· 파본은 구입하신 서점에서 교환해드립니다.